Thomas Weber
Ein guter Tag hat 100 Punkte

Thomas Weber

Ein guter Tag hat

Punkte

... und andere alltagstaugliche Ideen
für eine bessere Welt

Residenz Verlag

Bibliografische Information der Deutschen Nationalbibliothek
Die Deutsche Nationalbibliothek verzeichnet diese Publikation
in der Deutschen Nationalbibliografie; detaillierte bibliografische
Daten sind im Internet über http://dnb.dnb.de abrufbar.

www.residenzverlag.at

© 2014 Residenz Verlag
im Niederösterreichischen Pressehaus
Druck- und Verlagsgesellschaft mbH
St. Pölten – Salzburg – Wien

Umschlaggestaltung und grafische Gestaltung/Satz: BoutiqueBrutal.com
Piktogramme: integral ruedi baur zürich
Lektorat: Stephan Gruber
Gesamtherstellung: NP DRUCK, St. Pölten

ISBN 978 3 7017 3342 2

Für Adrian und Klara

›Pfeif auf die Regeln! Probiere es aus.‹
Lord Robert Baden-Powell

Inhalt

9   Eine Erklärung vorab

13   Zelebriere den #tierfreitag

19   Schlachte ein Huhn

25   Versuch's einen Monat lang vegan

31   Sei romantisch, iss Karpfen (statt Thunfisch)

41   Lass anschreiben, aber für andere

47   Gib, nimm und teile Essen

53   Werde Mundräuber

59   Iss Innereien

65   Kauf gemeinsam mit Gleichgesinnten ein

71   Bestell eine Bio- oder Ökokiste

77   Iss bedrohte Tiere

83   Geh auf die Jagd

91   Such dir einen Bauern

97   Frag den Kellner, was in der Küche verkocht wird

103   Kaninchen und Ratz: als Haustier besser als Hund und Katz

111   Werde Bauer auf Zeit, zumindest im Urlaub

117   Arbeite im Urlaub (und bezahl dafür)

123   Gönn dir ein Jahr Auszeit (und praktische Einblicke)

129   Öffne deinen Bücherschrank

135 Miete eine Waschmaschine

141 Kauf dir ein Stück Land
     (und schenk es dem Rest der Welt)

149 Radle zur Arbeit

155 Lass dein Auto stehen (zumindest in der Fastenzeit)

165 Bildet Banden – oder gründet einen Co-working Space

175 Bau ein Kraftwerk

181 Repariere, anstatt wegzuwerfen

187 Geh seltener shoppen

195 Lies bewusst auch das, was dir nicht gefällt

203 Lebe intensiver, arbeite weniger

Eine Erklärung vorab

Wir leben alle auf Pump, das hat sich herumgesprochen. Doch was hilft es, zu wissen, dass wir ökologisch über unsere Verhältnisse leben und dass jeder von uns eigentlich maximal 6,8 Kilogramm CO_2 pro Tag verbrauchen darf? Dürfte! Nur dann, wird uns vorgerechnet, würden die Ressourcen für uns alle ausreichen; nur dann wäre der CO_2-Ausstoß für unseren Planeten verträglich. Dass fast jeder von uns in der sogenannten entwickelten Welt über seine Verhältnisse lebt, das haben wir zwar längst verinnerlicht. Darüber hinaus verlieren wir uns aber im Tohuwabohu aus Geboten und Behauptungen. Das Halbwissen darüber, was verwerflich und was vertretbar ist, verwirrt uns.

Wie könnte es auch anders sein: Kein Mensch denkt in Kohlendioxidwolken, wahrscheinlich nicht einmal ein Wissenschaftler. Als Größenordnung bleibt unser Abgasausstoß deshalb nebulös, unfassbar und abstrakt. Wir wissen vielleicht, was ein Liter Milch, eine Tankladung Diesel oder Superbenzin kosten – aber kaum, was es eigentlich für unsere Erde bedeutet, wenn wir täglich mit dem Auto zur Arbeit fahren und welchen Unterschied es macht, wenn wir stattdessen zu Fuß gehen, das Rad nehmen oder vielleicht einmal von zu Hause aus arbeiten.

Wer solche Relationen aufzeigen und im allgemeinen Bewusstsein verankern möchte, der muss Abgas zunächst einmal Abgas sein lassen und stattdessen ein Koordinatensystem entlang von ganz konkreten Alltagsbezügen aufspannen.

›Ein guter Tag hat 100 Punkte‹ – das propagiert genau deshalb die Open-Source-Kampagne *EinguterTag.org.* Alltagsaktivitäten, Grundnahrungsmittel und weitverbreitete Gewohnheiten sowie der Gebrauch von Konsumartikeln werden darin mit Punkten bewertet. 100 Punkte hat jeder von uns an jedem einzelnen Tag zur Verfügung. Liegen wir darüber, dann verbrauchen wir mehr Ressourcen, als uns von Natur aus zustehen. Dieser Punktevorrat entspricht jenen eingangs erwähnten 6,8 Kilogramm CO_2 – nur dass mit einem leicht verständlichen virtuellen Konto von 100 Punkten jedes Kind rechnen kann.

So ›kostet‹ zum Beispiel eine Tasse Tchibo-Kaffee 0,8 Punkte, ein Liter Mineralwasser 9 Punkte, ein Liter Leitungswasser – nichts. 10 Kilometer im VW Golf kommen auf 16 Punkte, 100 Kilometer im Zug auf 27. Mit einem einzigen Flug nach Neuseeland verbrauchen wir annähernd 70 000 Punkte – also Ressourcen, mit denen wir eigentlich 700 Tage lang auskommen sollten. Im Schnitt kommen wir derzeit auf 450 Punkte – pro Tag.

Diese Berechnungen könnten einen entmutigen, womöglich frustrieren. Doch das Faszinierende daran ist: Die schönsten Dinge des Lebens – ein Radausflug mit Freunden etwa, eine Wanderung, die du mit deinen Liebsten unternimmst oder ein gemeinsamer Abend am Lagerfeuer –, die ›kosten‹ zumeist gar nichts. Da bleibt ›Ein guter Tag‹ schnell auch einmal weit unter 100 Punkten.

Dieses findige Konzept ist nicht von mir. Entwickelt und aufgezogen haben dieses 100-Punkte-Koordinatensystem kundige Wirkungsforscher und Designer in Vorarlberg und in Zürich: Das Unternehmen *Kairos* und die Agentur *integral ruedi baur* haben die Idee der Allgemeinheit unter *www.eingutertag.org* zur Verfügung gestellt. Ein auf dieser Website verbrachter Abend, an dem du dein eigenes Leben spielerisch unter die Lupe nimmst, bringt dir wahrscheinlich tiefergreifende Erkenntnisse als drei schockierende Dokumentarfilme über unsere ach so schreckliche Welt. Denn es werden dir immer auch Alternativen zu den unterschiedlichsten Konsumgütern und Aktivitäten vorgeschlagen. Ob diese für dich praktikabel sind oder nicht, das entscheidest du selbst.

Wenn du etwa – ein Beispiel, das vielen von uns geläufig sein dürfte – deinen Computer nicht abschaltest, sondern ihn rund um die Uhr laufen lässt, dann belastet sein Stromverbrauch dein persönliches Konto jeden Tag aufs Neue mit 12 Punkten. Das ist der Wert für einen durchschnittlichen österreichischen Energielieferanten. Im EU-Durchschnitt kommst du sogar auf 28 Punkte, bei den Konstanzer Stadtwerken auf 8 und bei der niederösterreichischen EVN auf 19 Punkte. Wenn du also deinen Rechner nach getaner Arbeit abschaltest und außerdem zu einem echten Ökostrom-Anbieter wechselst, dann kannst du deinen Punkteverbrauch ohne großen Aufwand bereits massiv reduzieren.

Das Sympathische an *EinguterTag.org*: Jede Entscheidung bleibt dir überlassen. Es geht niemals um Bevormundung, sondern bloß um das Schaffen von Bewusstsein. ›Das Interessante an unserem System ist, dass wir vermeintliche Einschränkungen in unserem Leben positiv und als Erfolg wahrnehmen können‹, sagen Martin Strele und Axel Steinberger, die beiden Masterminds hinter dem Open-Source-Projekt.

Auf dieser Überzeugung und auf der Vorarbeit des Teams von *EinguterTag.org* bauen auch all meine Ausführungen auf den folgenden Seiten auf. Das dahinterliegende System – alle angeführten Zahlen von *EinguterTag.org* sind wissenschaftlich fundiert – ist die Basis, auf der ich versuche, alltagstauglich weiterzudenken. Ich stelle inspirierende Ideen und inspirierte Initiativen vor, die mir nachahmenswert scheinen. Nicht alle Details können dabei in ihrer Komplexität mit dem Punktesystem von *EinguterTag.org* erfasst werden. Nicht für jedes Engagement in der Nachbarschaft, nicht für jede alte Nutztierrasse und nicht für jeden neuen Gedanken gibt es eine genaue Punkteanzahl. Dass all dies trotzdem in das von mir selbst gewählte Koordinatensystem passt, hat einen einfachen Grund: Es geht um Größenordnungen, nicht um Kommastellen. Auf Größenordnungen und Hebel im eigenen Alltag fokussiert auch jedes der folgenden Kapitel. Jedes davon ist als Anregung gedacht, zum Ausprobieren, zum Überdenken; und manchmal fordert es im Detail vermutlich auch zum Widerspruch heraus. Das ist volle Absicht.

Was ich hingegen vermeiden wollte, ist zu moralisieren. Sollte mir doch einmal der Zeigefinger ausgekommen sein, dann ersuche ich hiermit höflich um Nachsicht.

Thomas Weber
Wien, im Oktober 2014

 www.eingutertag.org

Zelebriere den #tierfreitag

Fleischeslust und Tierwohl dürfen kein
Widerspruch sein. Davon ist die Journalistin
und Kochbuchautorin Katharina Seiser
überzeugt. In ihrem Blog und auf Twitter
propagiert sie deshalb den #tierfreitag, einen
Wochentag ganz ohne tierische Lebensmittel.
Werde Teil der selbstbewussten Crowd
mündiger Fleischfresser!

Auch wenn das viele Veganer behaupten: Gar kein Fleisch ist auch keine Lösung. Denn nur weil wir nichts vom Tier essen, wird das weder den Klimawandel stoppen noch den Welthunger stillen. Klar, fast alle von uns essen zu viel Fleisch, und das zumeist auch noch fragwürdigen Ursprungs. Würden aber alle sieben oder bald acht Milliarden Menschen auf Fleisch oder überhaupt ganz auf tierische Produkte verzichten, dann hätten wir ein riesiges Problem. Denn in vielen Weltgegenden sind es einzig Pflanzenfresser, die es dem Menschen überhaupt erst ermöglichen, sich das ganze Jahr über ausgewogen zu ernähren. Rinder beispielsweise verwerten Gräser, die für den menschlichen Magen nicht zu verdauen sind. Ziegen kommen mit kargster Kost und wenig Wasser aus. Über den Umweg von Milch, Käse und Fleisch kann der Mensch also auch Landschaften nutzen und Landstriche bewohnen, die ohne den Beistand von Nutztieren für ihn lebensfeindlich wären. Gras und Heu kann kein Mensch verdauen. Erst indem der Mensch diese Pflanzenfresser verwertet, kann er sogar Graslandschaften und Steppen zu seiner Ernährung nutzen, die für den Ackerbau nicht geeignet sind. Das lebende Tier ist also gewissermaßen ein Nahrungsspeicher auf vier Beinen. Auf Basis rein pflanzlicher Kost hingegen wären zahlreiche Weltgegenden nur mit schweren Einschränkungen und Mangelerscheinungen zu besiedeln gewesen.

Uns vom Supermarktsortiment verwöhnten Zivilisationsmenschen mag dieser Gedanke heute exotisch erscheinen. Mancher denkt vielleicht ans afrikanische Hinterland, an griechische Inseln oder die Weite und Menschenleere Irlands. Doch es gilt auch für die Schweiz, Österreich und Süddeutschland: Im Alpenraum ist es nur natürlich, dass auf den Speisekarten Speckbrot und Schnitzel stehen und dass durstigen Wanderern Buttermilch und zum Nachtisch eine Käseplatte serviert werden. Mit Getreide, getrocknetem Obst und den erst spät importierten Kartoffeln allein hätte man es in diesen Breiten nicht weit gebracht (und viel zu viel Zeit der Nahrungssuche widmen müssen).

Das Problem ist also nicht, *dass* wir Fleisch essen, sondern welches und wie viel davon; wie die dafür geschlachteten Tiere gefüttert, gehalten und getötet wurden. Genau hier setzt eine Initiative der Journalistin, Kulinarik-Bloggerin und Kochbuchautorin Katharina Seiser an. Ihr Vorschlag: Leben wir doch zumindest jeden Freitag tierfrei – also als ›Tierfreitag‹. Dass es sich auch für Genießer locker einen Tag in der Woche ohne Fleisch, Milch, Ei, Käse und Honig leben lässt, beweist sie in ihrem Blog. Auf *tierfreitag.com* sammelt sie nicht nur eigene Rezepte, Lokaltipps und Gedanken zum Thema, sondern verlinkt auch zu Gleichgesinnten. Ihre Erklärung: ›Im Fokus steht das Tier: Zum einen die Überlegung und Notwendigkeit, weniger davon zu essen (aber bitte immer mit Genuss), zum anderen jene Tiere, die genützt werden, weit anständiger als bisher zu behandeln. Für beide Ziele gibt es derzeit nur wenige greifbare und aktuelle Quellen. Die Crowd, die Gemeinschaft, kann das ändern

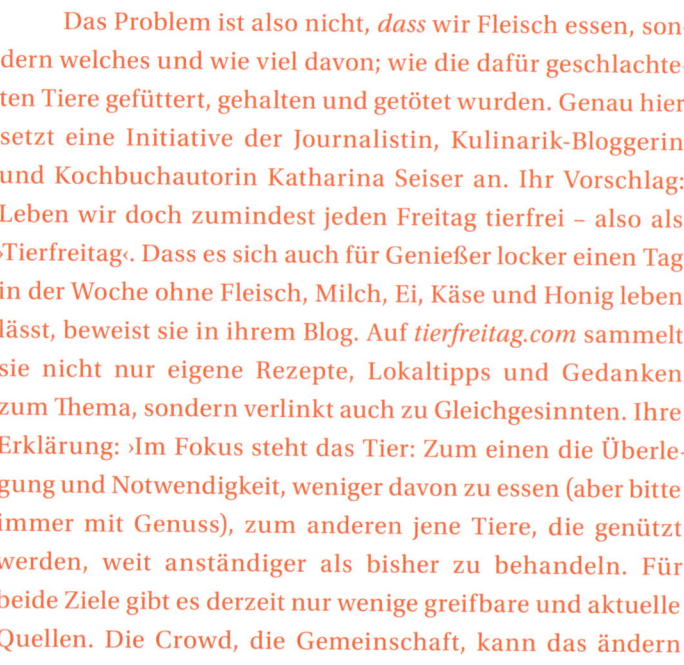

250 g Rindfleisch konventionell

und einen reichen Fundus zusammentragen, aus dem alle schöpfen können.‹

Dass das bereits funktioniert, belegt nicht nur ein Besuch der Website. Auch beim Kurznachrichtendienst Twitter findet sich unter dem Hashtag #tierfreitag bereits eine Vielzahl von Einträgen. Und es werden Woche für Woche mehr Ideen, die auf diese Weise zu einer Art kollektivem ›Meta-Kochbuch‹ anwachsen, welches Katharina Seiser sorgsam betreut. Auch viele vegane Fleischersatzprodukte (sogenanntes ›Vleisch‹) stammen freilich aus industriellem landwirtschaftlichem Raubbau und enthalten Zutaten fragwürdiger Herkunft (etwa gentechnisch manipuliertes Soja), die als kulinarisch minderwertig einzustufen sind. Deshalb verbreitet der #tierfreitag ausschließlich ›appetitliche, rein pflanzliche Rezepte ohne jegliche Ersatzprodukte‹. Weil es ums Tier geht und biologische Landwirtschaft deshalb das Mindeste ist, werden zwar vorbildliche Tierhaltungsprojekte und Bauernhöfe vorgestellt. Aber nur, wenn diese in ihren Bemühungen über die gesetzlich vorgeschriebenen Richtlinien der Bio-Verbände hinausgehen.

250 g Bio-Rindfleisch

Damit hält Katharina Seiser – selbst mündige Fleischfresserin und durch und durch Feinschmeckerin – dem allgemeinen Trend zum Veganismus eine lustvolle und letztlich ideologiebefreite Alternative entgegen. Ihr Dogma: Genuss und Tierwohl dürfen kein Widerspruch sein.

Wem der Tierfreitag zu radikal scheint; wer meint, ohne Frühstücksei und Milch im Kaffee zu viel an Lebensqualität einzubüßen; wer aber trotzdem bewusster konsumieren möchte, der möge ein, zwei Generationen zurückdenken und sich seiner Groß- und Urgroßeltern besinnen. An mehreren Tagen hintereinander Fleisch gab es bei denen höchstens zu Weihnachten – oder nach Schlachttagen, wenn es ein ganzes Tier zu verwerten galt. Das übrige Jahr hindurch war der ›Sonntagsbraten‹ der fleischliche Höhepunkt der Woche. Fleisch gab es nur an einem von sieben Tagen. Sich daran zu orientieren, ist gar nicht schwer. Sollten einem am Herd die Ideen dafür fehlen, wird man früher oder später womöglich wieder bei Katharina Seiser landen. In ›Österreich vegetarisch‹ und ›Deutschland vegetarisch‹, beides Kochbuch-Bestseller und neue Standardwerke der vegetarischen Küche, klärt sie uns auf, dass ganz viele der Köstlichkeiten, die wir aus unserer Kindheit und aus Omas Küche kennen, letztlich immer schon vegetarisch waren. Und ganz gleich, ob Strudel, Knödel, Nockerl, Milchreis oder Suppe – Genuss pur.

1 kg Bio-Kartoffeln

→ www.tierfreitag.com

BUCHTIPPS

1 kg Bio-Karotten

Katharina Seiser zeigt in ihren Kochbüchern ›Österreich vegetarisch‹, ›Deutschland vegetarisch‹ und ›Italien vegetarisch‹ (Brandstätter), wie vielfältig die fleischlose Küche sein kann.

18

Schlachte ein Huhn

Veganer blättern jetzt besser weiter. Alle
anderen aber haben mit dem Bauern ihres
Vertrauens ein Hühnchen zu rupfen – und
zwar wörtlich. Denn: Wer eigenhändig ein
Tier geschlachtet hat, lernt nicht nur über
Anatomie, Fleisch und Lebensweise der Tiere,
sondern auch, das Leben zu achten.

Schlachte ein Huhn! Ich meine es ernst. Schlachte ein Huhn, wenigstens ein Mal. Erstens sollte jeder, der Fleisch isst, zumindest ein Mal im Leben dabei sein, wenn einem anderen Geschöpf das Leben genommen wird, nur damit es später gegessen werden kann. Zweitens wird einem erst dadurch richtig bewusst, wie viel Arbeit es macht, ein Tier zu schlachten. Der Tod ist ja erst der Anfang. Aber schön der Reihe nach.

Da ich niemandem raten möchte, zum Hühnerdieb zu werden, schicke ich dich hiermit auf einen Bauernhof. Legal wird es dir dort zwar kaum möglich sein, ein direkt am Hof in deinem Beisein geschlachtetes Tier zu kaufen. Die Hygienerichtlinien innerhalb der Europäischen Union begünstigen nämlich die industrielle Tierhaltung und die Massenschlachthöfe. Als Betriebsfremder wird also jeder Hofbesucher als Hygienerisiko betrachtet. Auch den Bauern selbst ist es nur unter absurden Vorschriften gestattet, Tiere vor Ort zu schlachten – de facto nur dann, wenn diese später von den am Hof lebenden Personen selbst verzehrt werden, also nicht für den Verkauf bestimmt sind. Es gibt natürlich eine Reihe von Höfen, die das geltende Gesetz umgehen. Doch niemand soll hier zum Gesetzesbruch aufgefordert werden.

Viele Bauern kennen die gesetzlichen Rahmenbedingungen aber selbst nicht im Detail. Stifte den Bauern deines Vertrauens daher zu einer sogenannten ›Hausschlachtung‹ an. Dann hat alles schön seine Ordnung, und keiner der Beteiligten muss mit Problemen rechnen. Rechtlich korrekt kauft man dem Bauern das Huhn ab, wenn es noch lebt, um es dann in seinem Beisein unter kundiger Anleitung zu schlachten. Das geht ruck, zuck: Zuerst betäubt man das Tier (mit einem Stockhieb auf den Kopf oder einem Schlachtbolzenschuss), dann sticht man es mit einem Messer ab. Das heißt: Man durchtrennt die Halsschlagader und lässt das Huhn ausbluten. Wenn die letzten Muskelzuckungen aufgehört haben, der Schlachtkörper aber noch warm ist, wirst du ihn einige Male in 70 Grad heißem Wasser wenden. Dadurch öffnen sich die Poren, und die Federn lassen sich leicht aus der Haut ziehen. Es geht also ans Rupfen. Eine Viertelstunde oder zwanzig Minuten rupft man als Ungeübter schon einmal, bis alle Federn entfernt sind. Sagen wir, dass man es mit Routine in zehn Minuten hinbekommt.

250 g Huhn
konventionell

Die eine oder andere Minute mehr wird dir persönlich beim Rupfen vermutlich egal sein. Sie ist aber wichtig. Denn die angenommene Spitzenzeit von zehn Minuten pro Huhn bedeutet, dass ein Einzelner höchstens sechs Hühner pro Stunde rupfen kann. Bei einem durchschnittlichen Bruttostundenlohn von knapp 13 Euro würde also allein das Rupfen eines Huhns beinahe 2,20 Euro ausmachen. Man sieht somit recht schnell, dass bei einem im Supermarkt angebotenen ›Brathendl‹ um 4,60 Euro etwas nicht stimmen kann. Denn um die 2,20 Euro – also in den zehn Minuten Rupfzeit – ist das Tier noch nicht einmal ausgenommen. Und davor musste es ja auch noch aus einem Ei ausgebrütet, geimpft und mehrere Wochen oder Monate lang vom Küken zum schlachtreifen

Huhn gemästet werden. Hinzu kommen Transport, allfällige Zwischenhändler und jedenfalls die Handelsmargen. Wir sehen also den Fehler im System: Fleisch ist viel zu billig. Und weil wir so an diese Tatsache gewöhnt sind und das Gewohnte selten einmal hinterfragen, sind die meisten von uns auch nicht bereit, mehr zu bezahlen.

Ich habe dem Bauern für mein erstes selbst geschlachtetes Huhn 35 Euro bezahlt. Das ist ein stolzer, aber auch ein fairer Preis. Ich meine, er ist angemessen für ein Tier, das sein Leben bis zum Tag seines Todes im Freien verbringen konnte; das genügend Auslauf, Deckung und auch Zeit zu wachsen hatte. Aus dem Supermarkt hätte ich ein bratfertiges Bio-Huhn um 12,60 Euro mitnehmen können und mir auch keine Gedanken darüber machen müssen, wo ich es ein paar Tage lang kühl lagern und abhängen lassen kann, bis sein Fleisch gereift ist.

250 g Bio-Huhn

Warum ich trotzdem nur in immer selteneren Fällen zu Bio-Hühnern, Bio-Hendlbrust oder Bio-Suppenhuhn aus dem Kühlregal greife? Weil ich der Überzeugung bin, dass wir Tiere eigentlich niemals industriell halten und als reine Ware behandeln sollten. Genau das aber ist mit jedem Tier, das in einem Supermarkt landet, passiert. Jedes Huhn, das du im Supermarkt oder auch im Bioladen kaufst, wird mit höchster Wahrscheinlichkeit vollautomatisch geschlachtet und gerupft.

Ich meine das also keineswegs zynisch: Wer einmal eigenhändig ein Tier geschlachtet hat; wem es ein Anliegen war, dass das Lebewesen keinem Stress und unnötigem Leid ausgesetzt wird und dass alles kurz und möglichst schmerzlos zu Ende geht, der wird mit dem Tod und auch mit dem Leben achtsamer umgehen. Und der wird danach trachten, anonyme Produkte aus Industrie- und Massenschlachthöfen künftig zu meiden.

Es ist gut möglich, dass dich deine Freunde für einen Spinner oder einen Barbaren halten, wenn du ihnen sagst, dass du dein Brathuhn selbst schlachten möchtest. Mir wurde vorgeworfen, blutrünstig zu sein – sogar von Zeitgenossen, die selbst, ohne mit der Wimper zu zucken und plastiksackweise, tiefgefrorene Chickenwings im Diskonter kaufen oder zu Mittag einen Chicken-Burger runterschlingen. Doch wer Fleisch isst, aber gleichzeitig Schlachtungen für grausam hält, den darf man guten Gewissens als Idioten bezeichnen, oder bestenfalls als Ignoranten. Jedenfalls sollte man seine ›Kritik‹ nicht ernst nehmen.

Also: Schlachte ein Huhn, wenigstens ein Mal.

TIPP

Unweit von Wien bietet etwa die Arche De Wiskentale Hausschlachtungen für Huhn, Pute, Gans und Ente an:
→ www.dewiskentale.com

Mit etwas Recherche und Überzeugungskraft sollte sich aber auch sonst überall ein Bio-Betrieb finden lassen, bei dem du dein Huhn selbst schlachten kannst. Vielleicht kommst du am Ende gar auf den Geschmack und legst dir selbst Hühner zu.

Versuch's einen Monat lang vegan

Einen Monat ganz ohne tierische Produkte
halten selbst hartgesottene Fleischfresser
locker durch. Was dich dabei erstaunen wird:
worin überall Tierisches enthalten ist.

S elbst wer sich ein Leben ohne Hartwurst und Parmesan, ein Frühstück ohne Butterbrot, Ei und Caffè Latte oder einen Tee ohne Honig nicht einmal ausmalen möchte, sollte den Versuch wagen: einen Monat lang ganz ohne tierische Produkte auszukommen.

100 g Naturtofu
konventionell

Einerseits ist das eine gute Möglichkeit, um herauszufinden, welch herrliche Speisen sich ganz ohne Zutaten vom Tier zubereiten lassen. Oft muss man diese Dinge tatsächlich einfach nur weglassen – oder darüber nachdenken, wodurch man Butter, Schmalz, Ei oder Sauerrahm geschmacklich ersetzen könnte. Andererseits wird dich – selbst wenn du auch sonst versuchst, wenig Tierisches zu essen – vermutlich überraschen, worin überall Zusatzstoffe tierischen Ursprungs enthalten sind, ohne dass du dir dessen bewusst bist. Vieles davon solltest du eigentlich meiden. Denn das große Problem ist: Gerade die ›versteckten‹ tierischen Ingredienzien – also solche, die du in einem Produkt zwar niemals vermuten würdest, die aber trotzdem vorschriftsgemäß im Kleingedruckten ausgewiesen sind – stammen fast durchwegs aus Massentierhaltung. Und die ist immer fragwürdig und geht auf Kosten der Tiere. Selbst wenn innerhalb der Europäischen Union etwa Eier aus Legebatterien mittlerweile verboten sind: Nur die Hälfte unseres Eierverbrauchs

100 g Bio-Naturtofu

entfällt auf sogenannte Schaleneier. Der Rest versteckt sich als Flüssig- oder Trockenei in Kuchen, Teigwaren und Süßspeisen. ›Dieser Rest muss derzeit – noch – nicht herkunftsgekennzeichnet sein‹, bedauert Reinhard Geßl vom Forschungsinstitut für biologischen Landbau. Denn: ›In diesem Bereich spielen sich die wahren Dramen ab – ohne dass den Konsumenten dieses Unrecht bewusst ist.‹

1 l Milch

Ganz konkret heißt das: Mehr als ein Fünftel aller in Deutschland, Österreich und der Schweiz konsumierten Eier sind unklarer Herkunft. Mit allergrößter Wahrscheinlichkeit ist das Ei, das in den Industriebackstuben für die Filialen von Brot- und Bäckereiketten zu Mehl- und Süßspeisen verarbeitet wird, aber auch jenes in Fertiggerichten, Glückskeksen und Asia-to-go-Nudelgerichten, irgendwoher, sein Ursprung für uns Konsumenten also nicht nachvollziehbar. Daran ändern auch eine ›Altwiener Rezeptur‹, traditionelle Marken regionalen Ursprungs oder ein Etikett, das auf ›gute alte Zeit‹ macht und die Handschrift einer beschaulichen Oma bemüht, rein gar nichts. Und weil du als mündiger Konsument davon ausgehen musst, dass für diese Produkte jeweils die billigsten am Markt verfügbaren Zutaten eingekauft werden, solltest du dabei die schlimmsten dir jemals untergekommenen Bilder von überfüllten Tierfabriken, Antibiotika-Elend und geschundenen Kreaturen vor dem geistigen Auge haben.

1 l Bio-Milch

Guten Gewissens kaufen kann das nur, wer verdrängt. Wenn du dich also zumindest einen Monat lang dazu disziplinierst, konsequent nachzufragen, ob eine Speise, ein Gericht oder auch nur ein Brötchen oder Kuchen vegan ist oder nicht, dann wird dir das Verdrängen künftig weniger leicht fallen. Wie gesagt: Du wirst überrascht sein, wo überall Tier drin ist. Mir ist es nicht anders ergangen. Mein Monat als ›Pseudoveganer‹ (als solchen hat mich ein Freund während meines Selbstversuchs bezeichnet und mich damit aufgezogen) hat mich zwar nicht zum Veganismus bekehrt, mir aber doch auch Verständnis für Veganer beschert, wie ich es vorher nicht hatte.

Denn obgleich es manchmal nervt, dass so manch ein Veganer seine Ernährungsweise immer und überall zum Thema macht: Wer es damit halbwegs ernst nimmt (und das solltest du während deines tierfreien Monats jedenfalls tun), dessen Lebensbereiche werden ziemlich fundamental erfasst. Das soziale Umfeld, deine Freunde, Bekannten, selbst Arbeitskollegen müssten schon unglaublich ignorant sein, das nicht zu realisieren, wenn sie dein Experiment mitbekommen. Selbst Sekt und Wein, Säfte oder Most kommen oft nicht ohne Tierisches aus, sondern werden durch Gelatine oder Geflügeleiweiß gefiltert.

100 g Bergkäse

Welche Konsequenzen du nach einem solchen Selbstversuch für die Zeit danach ziehst, ist freilich offen. Es soll schließlich sogar Menschen geben, die, nachdem sie sich jahrelang strikt vegan ernährt haben, plötzlich zu unreflektierten Allesfressern mutiert sind. Sensibilisieren wird dich der ›Veganismus auf Zeit‹ aber auf jeden Fall.

100 g Bio-Bergkäse

Bei mir ist – neben der Erkenntnis, dass Veganismus kulinarisch recht wenig zu bieten hat – vor allem geblieben, dass ich verstecktes Tier zu meiden trachte. Wenn ich auswärts esse und es im jeweiligen Lokal nicht möglich ist, Bio-Produkten den Vorzug zu geben, bestelle ich fast immer vegan. Einerseits erachte ich das als klare Absage an die Massentierhaltung. Andererseits spart das auch eine Menge Ressourcen. Immerhin verbraucht die Produktion von einem Liter Milch 1000 (in Worten: tausend!) Liter Wasser. Das gilt auch für Milchpulver, das uns in Butterkeksen, Milchschokolade oder Eiswaffeln untergejubelt wird.

Womöglich wirst du nach deinem tierfreien Monat meine Meinung teilen: dass es – natürlich am richtigen Ort, in der richtigen Gesellschaft und mit den richtigen, feinen Zutaten – nichts Besseres gibt als ein Käsebrot mit Schnittlauch, ein weiches Ei im Glas und einen Milchkaffee zum Frühstück.

Sei romantisch, iss Karpfen (statt Thunfisch)

Warum wir statt ›Tuna‹ und ›al tonno‹
besser eine ›Pizza al carpone‹ bestellen
und überhaupt öfter Karpfen als Forelle,
Thunfisch und Dorsch essen sollten.

Fisch gilt gemeinhin als gesundes und durch und durch naturnahes Lebensmittel. Was kann schon besser sein als eine Forelle, die zum Gedeihen – das weiß jedes Schulkind – viel klares, sauerstoffreiches Wasser braucht und auch noch recht empfindlich auf Gewässerverschmutzung reagiert? Wenn sie dann auch noch aus einem Teich in meiner Gegend stammt, kann ich als bewusster Genießer nicht falsch liegen, oder? So weit das Vorurteil, gerade was Raubfische wie die Forelle, aber auch den Saibling oder die sogenannte Lachsforelle betrifft. Doch unsere wildromantischen Vorstellungen von fidel im Bach nach Fliegen schnappenden Tieren, sachte modernisierter Fischerei und der traditionellen Bewirtschaftung von Teichen und Fließgewässern entsprechen nur in den allerseltensten Fällen – und am ehesten noch in der biologischen Fischzucht – der Realität.

Es stimmt schon, dass die Forelle viel frisches Wasser benötigt. Das trifft sogar auf intensiv gemästete Tiere zu, die fixfertig ausgenommen im Supermarkt, am Fischmarkt lebend im Bottich oder tiefgekühlt in den Gefriertruhen auf uns warten. Darüber hinaus findet die konventionelle Forellen(auf)zucht aber unter Laborbedingungen statt. Ihre Praktiken stehen jenen der Massentierhaltung, die wir von Geflügel, Schweinen oder anderen Landlebewesen kennen, in nichts nach. Denn die boomende Aquakultur – so nennt man die Aufzucht von Fischen und Meerestieren in künstlichen Lebensräumen – basiert auf unnatürlich hohen Besatzdichten in Fischbecken oder küstennahen Netzkäfigen. Dem deshalb erhöhten Infektions- und Krankheitsrisiko wird durch das Zufüttern von Antibiotika und anderen Medikamenten vorgebeugt.

100 g Lachs aus
Aquakultur

Fragwürdig sind aber auch die Futtermittel, die in der Intensivmast zum Einsatz kommen: Als Raubfische sind Forellen auf eiweißreiches Futter großteils tierischer Herkunft angewiesen. Dieses kann nicht im Teich selbst erzeugt werden, denn das natürliche Biotop der Forelle ist äußerst nährstoffarm. Auch im Betrieb des Züchters können die Futtertiere nicht heranwachsen: Für eine Tonne Forellen müsste ein Fischwirt zehn Tonnen kleinere Fische heranziehen, denn die Produktion von einem Kilogramm Forelle benötigt zehn Kilo Futterfisch. Dasselbe Verhältnis von zehn Kilogramm Biomasse auf ein Kilogramm verwertbares Fleisch gilt übrigens auch für alle anderen Raubfische (Saibling, Hecht, Zander, Barsch usw.).

Der gemeine Forellenmastbetrieb hilft sich deshalb mit Fischmehl aus. Das heißt: mit dem industriellen Fang von kleinen Futterfischen und dem sogenannten ›Beifang‹ der Fischereiindustrie, den die großen Kutter in ihren Netzen aus dem Meer ziehen – und eben zu Fischmehl verarbeiten. Mittlerweile sind weite Teile der Weltmeere leergefischt, die marine Nahrungskette ist unterbrochen – mit weitreichenden Folgen für viele Tierarten. Durch das rapide Wachstum der Aquakulturen und den steigenden Pro-Kopf-Fischkonsum kann die Nachfrage nach dieser Form der Biomasse längst nicht mehr bedient werden. Hunderttausende Tonnen kleiner Krillkrebse – eigentlich die natürliche Nahrung für Wale, Robben, Pinguine und Fischbrut – werden deshalb jedes Jahr aus der Antarktis gefischt und zu nahrhaftem Fischfutter verarbeitet. Zu Lachs, Lachsforelle, Saibling, Forelle oder auch Heilbutt und Pangasius ›veredelt‹, landet dieses Futter dann auf unserem Teller. Zwar werden dem Mastfutter synthetische Aminosäuren hinzugefügt, doch für jedes Kilogramm Fisch muss dennoch mindestens ein Kilo Futterfisch gefangen und verarbeitet werden – unter enormem Energieaufwand.

Dass der Fischteich als modernes Aufzuchtlabor vielleicht ›regional‹, in der Gegend, mit Frischwasser geflutet wird, ändert wenig daran, dass die Futtermittel einem globalisierten Raubbau auf hoher See entstammen. Auch die frisch

100 g Norwegischer Lachs

geschlüpften Jungfische, die zur Aufzucht im Teich landen, werden oft bereits in gigantisch großen Zuchtanlagen in Chile, Norwegen oder Asien herangezogen. Im Bildungsfernsehen unserer Kindheit haben uns vielleicht noch Teichwirte demonstriert, wie sie mühsam die Eier (Rogen) aus weiblichen Forellen streifen und diese künstlich mit dem Samen des männlichen Fisches, des Milchners, befruchten, um in kleinen Becken selbst Fischbrut großzuziehen. Tatsächlich ist diese Methode heute unrentabel und daher fast überall verschwunden.

Warum ich also zwar gerne einmal, aber äußerst selten eine ›Forelle serbisch‹ in die Pfanne schmeiße oder einen Saibling ins Rohr schiebe? Weil ich mir bewusst bin, dass Fisch – genauso wie Fleisch – keine alltägliche Speise sein sollte. Und dass Raubfisch als Spitze einer Nahrungskette eine Festtagsspeise und purer Luxus ist. Und den gönne ich mir eben nur selten. Mit den großen Meeresraubfischen verhält es sich nicht anders als mit den Süßwassertieren. Thunfisch, Steinbutt, Wolfsbarsch oder Dorade landen bei mir vielleicht zwei, drei Mal im Jahr auf dem Teller. Dann aber mit gutem Gewissen – und ausgewiesenermaßen nach den strengen Kriterien des Marine Stewardship Council (MSC) gefangen.

Das MSC-Gütesiegel hat die Umweltschutzorganisation WWF bereits 1997 gemeinsam mit einem vom Unilever-Konzern angeführten Konsortium erarbeitet, um mündigen Konsumenten eine Orientierungshilfe beim Einkauf zu bieten. Mit Erfolg: 2013 hat der WWF Österreich erhoben, dass es 45 Prozent der Fisch kaufenden Bevölkerung wichtig ist, dass die Meere nicht überfischt werden. Dass 43 Prozent darauf Wert legen, dass Fischerei keine Umweltschäden verursacht. Und dass – Tendenz steigend – bereits ein Drittel der Befragten durchwegs Produkte kauft, die auch ein Umweltlabel tragen. Also entweder das MSC-Gütesiegel, das jüngere ASC-Label, welches Fisch aus nachhaltig betriebener Aquakultur ausweist, oder deklarierte Bio-Produkte. Zwar stammt laut dem 2014 erschienenen SOFIA-Report, der sich dem *State of World Fisheries and Aquaculture* widmet, also dem Zustand der Fischerei- und Fischwirtschaft, bereits fast die Hälfte aller gegessenen Fische und Krustentiere aus Aquakultur. Ein großer Anteil an Fisch wird aber nach wie vor aus Wildfang verzehrt. Da beim Wildfang – also etwa beim Thunfisch, der erst seit Kurzem in Aquakultur gezüchtet werden kann – niemals Bio-Kontrollen zum Einsatz kommen können, sind Bio-Siegel vor allem bei Süßwasserfisch und Meerestieren wie Shrimps und Garnelen aus abgeschlossener Aquakultur relevant.

Wer trotz alledem nicht auf seine Pizza al tonno oder den Thunfischsalat verzichten möchte, sollte also nur MSC-zertifizierten Fisch kaufen und es sich – wie bei allen anderen tierischen Produkten – angewöhnen, in der Gastronomie nachzufragen, wie der verarbeitete Thunfisch denn gefangen wurde.

56

100 g Shrimps aus Senegal industriell

Wie in der Bio-Landwirtschaft geht man auch in der biologischen Fischzucht deutlich behutsamer und weitsichtiger mit Ressourcen um als in der rein auf Profit ausgerichteten industriellen Mast. Zwar kommt auch in der Bio-Forellenzucht Fischmehl zum Einsatz – allerdings nur solches, das aus tatsächlichem Abfall hergestellt wird. ›Der einzig vertretbare, verantwortungsvolle und nachhaltige Weg, den Bedarf von Forellen und anderen Raubfischen nach tierischem Eiweiß zu decken, besteht in der Verwendung von Abschnitten und Resten aus der Speisefischverarbeitung der Meeresfischerei, die zu Fischmehl und Fischöl verarbeitet werden können‹, erklärt Marc Mößmer, Biofisch-Pionier und Teichwirt im nördlichen Waldviertel in Niederösterreich. Denn nur 30 bis 40 Prozent von Hering, Sardine, Kabeljau & Co können als Filets verkauft werden. Der Rest kommt am besten in der Biofisch-Produktion zum Einsatz.

100 g Bio-Shrimps
aus Thailand

Bio-Forelle und Bio-Saibling kann man bedenkenlos essen. Man sollte sich eben nur bewusst sein, dass es sich auch bei ›regionaler‹ Teichwirtschaft von Raubfischen letztlich meist um ein globalisiertes Produkt handelt, zumindest die Futtermittel und meist auch die Jungfische betreffend. Und selbst der Sauerstoff, der zur besseren Versorgung der Fische in die Teiche eingeblasen wird, ist ein Abfallprodukt – aus der Stahlindustrie. Wir sehen: Romantik war gestern. Das Bild von einsamen Teichen, in denen die Tiere naturnah und beinahe ohne menschliches Zutun mehrere Sommer lang Zeit haben, zu Speisefischen heranzuwachsen, besteht nur noch in unseren Köpfen.

Am ehesten werden unsere romantischen Erwartungen vielleicht noch beim Karpfen erfüllt. Der Karpfen ist der wahrscheinlich meistunterschätzte Speisefisch überhaupt – und jedenfalls der *ideale* Biofisch. Das liegt daran, dass es sich bei dem etwas langsamer wachsenden Tier – es benötigt drei bis vier Sommer, um Schlachtreife zu erlangen – um einen Allesfresser handelt, der sich in nährstoffreichen Gewässern am wohlsten fühlt. Er ernährt sich von Pflanzen, Samen, Insektenlarven, Schnecken und Kleintieren und käme deshalb, seiner Natur gemäß, auch in der Teichwirtschaft ohne zusätzliche Futtermittel aus. Tierische Proteine braucht seine Mast gar nicht. ›Beim Karpfen als Allesfresser ist der Futterbedarf überhaupt relativ gering und kann durch biologisches Getreide gedeckt werden‹, weiß Teichwirt Marc Mößmer, der sich seit Jahren um ein besseres Image dieser Fischart bemüht. Zumal auch das gängige Vorurteil nicht stimmt, dass Karpfen besonders fett sei: Mit fünf bis sieben Prozent Fettanteil ist er fettärmer als mageres Schweinefleisch und mit Forelle und Saibling gleichauf. Und das berüchtigte ›Letteln‹ oder ›Grundeln‹ seines Fleisches – also der leicht muffige, abgestandene Geschmack – rührt von Algen her, und nicht etwa von schlechter Wasserqualität. Bei richtiger Haltung lässt es sich leicht vermeiden. Auch wer direkt beim Händler kauft, etwa am Wochenmarkt, und seinen Karpfen im besten Fall sogar noch lebend aussuchen kann, beugt diesem schalen Beigeschmack vor.

Anders als bei Lachsfarmen, Barschgehegen und Garnelenbecken, wo ein Besuch für die meisten von uns einen allzu großen Aufwand bedeuten würde – und ob der meist industriellen Dimensionen auch eher unerwünscht wäre –, lohnt sich ein Besuch beim Biofischzüchter allemal. Gerade das Karpfenabfischen im Spätherbst ist ein besonderes Erlebnis. In Süddeutschland und Sachsen, in der Steiermark und im Waldviertel, wo die Tiere traditionell gezüchtet werden, wird es alle Jahre wieder volksfestartig zelebriert. Zumindest ein Mal im Leben sollte man sich dieses Spektakel bei Tee mit

6

100 g Fischstäbchen
aus Kabeljau

Rum und ›Steckerlfisch‹ geben. Kulinarisch noch wertvoller, jedenfalls intimer, informativer und auch nur auf eigene Initiative hin möglich ist ein vorangemeldeter Besuch beim Produzenten zum Fisch-Verkosten. Der Vergleich hat mich auch hier sicher gemacht, dass es sich auszahlt, dem Karpfen eine Chance zu geben. Auf jeweils dieselbe Art und Weise zubereitet, kann es ein Karpfen geschmacklich locker mit Saibling und Zander aufnehmen. Züchter Marc Mößmer schwört sogar, selbst einem Gourmetkritiker würde es mit verbundenen Augen schwerfallen, einen von ihm zubereiteten Karpfen von einem Thunfisch zu unterscheiden.

100 g Kabeljau
unverarbeitet

Als Feinspitz darf man seinen Italiener jedenfalls herausfordern – und gibt statt Thunfischpizza die Order ›Pizza al carpone‹. Man muss sich bloß trauen.

TIPPS

Wer nicht auf Meeresfisch verzichten möchte, für den haben die großen Umweltschutzorganisationen wie Greenpeace und WWF kompakte Einkaufsführer parat. Für unterwegs gibt es den ›Good Fish Guide‹ als Smartphone-App. Wichtig: Besten Gewissens dürfte man eigentlich nur Sardine und Hering essen. Vertretbar sind auch Thunfisch, Pazifischer Lachs und Kabeljau – sofern gemäß *Marine-Stewardship-Council*-Kriterien (MSC) gefangen.

Bei Süßwasserfisch ist eindeutig solcher aus Bio-Haltung zu bevorzugen. Generell gilt: Raubfische wie Forelle, Saibling, Hecht, Zander und Wels stehen am Ende einer langen Nahrungskette und sollten als Luxusprodukt nur sporadisch gegessen werden. Also: Gib dem Karpfen eine Chance!

→ www.biofisch.at

39

Lass anschreiben,
aber für andere

Bezahle im Voraus und spendiere einem
Unbekannten einen Kaffee oder ein
Mittagsmenü. Das stärkt die Selbstachtung
eines Menschen, der sich solch kleinen Luxus
gerade nicht leisten kann.

Die Tradition des ›caffè sospeso‹ stammt aus Neapel und reicht weit über hundert Jahre zurück. Genaueres zu ihrem Ursprung ist freilich nicht überliefert, was durchaus in das Bild passt, das man sich heute vom Alltag in einer Stadt macht, in der sich gemäß einem Statut aus 1820 in einer ›ehrbaren Gesellschaft des Schweigens alle beherzten Männer zusammenschließen, auf dass sie sich unter besonderen Umständen in moralischer und materieller Hinsicht helfen können‹. Ganz ohne jetzt mafiöse Strukturen und die streng hierarchischen Clans der Paten verklären zu wollen: Die Grundidee des ›caffè sospeso‹ hat sich völlig zu Recht über das Hoheitsgebiet der Camorra hinaus verbreitet – und es bis in die Gegenwart geschafft. Und weil die Idee einer repressiven Gesellschaft entstammt, in der offizielle, staatliche Strukturen und Einrichtungen maximal symbolische Macht ausübten, scheint sie wie geschaffen für ein Zeitalter, in dem der Einflussbereich des Staates wieder zurückweicht.

Die Formel ist bestechend einfach: Du gehst in ein Lokal und trinkst einen Kaffee, bezahlst aber zwei. Die Differenz zwischen deinem Konsum und deiner Rechnung ist aber nicht für die Wirtin oder den Kellner bestimmt, sondern wandert als Kreidestrich auf eine Tafel. Weggewischt wird dieser erst wieder, wenn jemand diesen sichtbar beworbenen ›überschüssigen Kaffee‹ – genau das heißt ›caffè sospeso‹ nämlich übersetzt – bestellt und damit aufgebraucht hat. Es geht um ein unbürokratisches Geben und Nehmen, um Großzügigkeit und Stolz – anders als bei der Camorra aber anonym, und ohne dass der Spender denjenigen, der oder die den Bonuskaffee genießt, persönlich kennt. Laut der Plattform *CoffeeSharing.com* bieten bereits 195 Cafés und Restaurants in 19 Ländern ihren Gästen diese Form der gegenseitigen Wertschätzung an. Wir finden sie in Metropolen (in Berlin zum Beispiel das Park-Café) ebenso wie in kleineren Städten (im niederösterreichischen St. Pölten etwa das Café Emmi).

1 Tasse Kaffee

Viele der engagierten Lokale wie das Café Tachles am Wiener Karmeliterplatz haben die Idee inzwischen um andere Gerichte, Getränke und Mittagsmenüs erweitert. Seit 2013 schon ermöglichen es Daniel Landau und seine beiden Mitbetreiber ihren Gästen im Tachles, alles außer alkoholischen Getränken auf Überschuss anschreiben zu lassen. Das Angebot wird gerne angenommen: 15 bis 20 Euro Umsatz bescheren ihnen die ›Sospesos‹ am Tag; es werden also in etwa fünf, sechs Kaffees spendiert. Im Winter öfter auch einmal eine Suppe, eine Tasse Tee oder – die Lokalität ist von der polnischen Küche inspiriert – deftige Pierogi. Dass das Café Tachles in den Wintermonaten für manch einen zur zwischenzeitlichen Wärmestube wird, stört die Betreiber nicht. Jene Menschen *unter besonderen Umständen*, denen in dem Lokal ein klein wenig *in moralischer und materieller Hinsicht* geholfen werden kann, sind trotzdem nur in ganz seltenen Fällen Obdachlose: ›Das Angebot ist nicht ausschließlich für Sozialhilfeempfänger gedacht, es richtet sich an jeden Menschen, der einen schlechten Tag hat‹, erläutert Daniel Landau. ›Eine alleinerziehende Mutter mit kleinen Kindern, die sich den kleinen Luxus eines Kaffees gönnt, kann das ebenso sein wie ein Student, dem gegen Monatsende hin das Geld ausgeht. Auch die Zeitungskolporteure und Blumenverkäufer, die am Rande des Existenzminimums leben, kommen gerne zu uns.‹

Man kann natürlich einwenden, dass ein Cappuccino oder eine Melange nichts ist, was der Mensch zum Überleben benötigt. Dem muss aber entgegnet werden, dass ein Schluck Kaffee beim Zeitunglesen oder bei einem Plausch mit Freunden und Kollegen zu den kleinen Alltagsfreuden und Annehmlichkeiten gehört, die das Leben lebenswert machen. Da mögen die Verhältnisse noch so bescheiden sein: Diese kleinen Dinge tragen ganz wesentlich zu unserer Lebensqualität bei. Denn bei Genussmitteln muss, wenn das Geld knapp ist, eher gespart werden als beim Allernötigsten.

1 Tasse Schwarztee

Nicht zuletzt ist das Café – nicht nur in Wien, wo die Kaffeehauskultur immer noch zum urbanen Alltag gehört – ein sozialer Ort. Wer sich dessen Besuch nicht leisten kann, bleibt ausgegrenzt. Wenn du also einem Unbekannten einen ›Sospeso‹ spendierst, weil du es dir gerade leisten kannst und möchtest, dann tust du nicht nur einem Zeitgenossen, der etwas annehmen darf, ohne sich von einem Gönner erniedrigt und zum Bettler deklassiert fühlen zu müssen, etwas Gutes. Längerfristig wirkst du auch der sozialen Ghettobildung entgegen. Gerade in den angesagten Vierteln – wie in der Wiener Leopoldstadt, dem Bezirk des Café Tachles – tendieren die Besserverdiener sonst schnell dazu, sich nur unter ihresgleichen zu tummeln. Gleich und gleich mag sich gern gesellen; für den langfristigen gesellschaftlichen Zusammenhalt jedoch ist eine gewisse soziale Durchmischung Voraussetzung. In Wien bemühen sich deshalb die Diakonie, die Straßenzeitung *Augustin* und die Armutskonferenz darum, Akzeptanz für die Aktion ›Bohnuskaffee‹ zu schaffen. Angestrebt wird ein möglichst engmaschiges Netz an ›Sospeso‹-Lokalen. Frag dein Stammcafé, ob es nicht mitmachen möchte!

Dass manch ein Gastronom befürchtet, als deklariertes ›Sospeso‹-Lokal zu einem Treffpunkt von Obdachlosen zu werden, die – man soll nichts beschönigen – mitunter stinken und dadurch andere Gäste vertreiben, kann Daniel Landau durchaus nachvollziehen. In seinem eigenen Lokal hat er solche Probleme aber noch nie erlebt. Ein einziges Mal erst habe er einen solchen Gast gehabt: einen älteren Herrn, sichtlich verlottert und ungepflegt; einer, der sich schon aufgegeben hatte. Sicher ein Einzelfall, aber Landau führt es auch auf die freundliche Bedienung im Lokal und damit den sozialen Druck zurück, dass der Alte, nachdem er zwei Mal bereits bezahlte Speisen konsumiert hatte, am dritten Tag plötzlich frisch gewaschen, rasiert und im Sonntagsgewand erschienen ist. ›Wie ich mit wirklich schlimmen Fällen umgehen würde, weiß ich nicht‹, gesteht er. ›Aber freundlich, bestimmt und mit entsprechender Würde vorgetragen, kann man jedem sagen, dass er gerne als Gast gesehen ist, sich aber vorher pflegen und waschen muss. Das ist jedem Menschen zumutbar. Und das muss auch jedes Lokal aushalten.‹

→ www.sospeso-bohnuskaffee.at
→ www.suspendedcoffees.com
→ www.facebook.com/Bohnuskaffee
→ www.coffeesharing.com

Gib, nimm und teile Essen

Wenn du zu viele Lebensmittel zu Hause hast oder deine Ernte besser als erwartet ausfällt, verschenk etwas davon übers Internet, bevor das Essen schlecht wird. ›Foodsharing‹ bewahrt Lebensmittel davor, im Müll zu landen.

Der Begriff ›Foodsharing‹ klingt aufs Erste vielleicht ungewöhnlich. Die Überlegungen, die hinter diesem Modewort stehen, basieren aber auf Situationen, die jeder kennt: Von der Party letzten Abend sind noch jede Menge Reste übrig; die Gäste haben sich aber geweigert, den Wurstsalat oder ein paar Stück Kuchen mitzunehmen, weil sie selbst übers Wochenende wegfahren. Oder du fährst auf Urlaub, aber blöderweise ist dein Kühlschrank noch voll. Vielleicht ist Erntesaison, du hast selbst Vorräte angelegt, eingekocht, und der Baum ist immer noch voller Kirschen oder Äpfel, du kannst selbst aber schon keine mehr sehen. Oder du betreibst einen Laden, möchtest noch haltbare überschüssige Ware aber keinesfalls wegwerfen.

Auch die andere Seite ist dir wahrscheinlich bekannt: Du kommst nach Ladenschluss drauf, dass dir für ein Rezept zwei Eier fehlen oder dass du vergessen hast, Butter zu kaufen. Oder es kündigt sich Sonntagfrüh spontaner Besuch an und der Kühlschrank ist halb leer – du willst deine Gäste aber keinesfalls mit Zeug aus dem Tankstellenshop bewirten.

Solche Alltagsprobleme versucht ›Foodsharing‹ zu lösen. Mitte 2012 gründete Valentin Thurn den Verein *food-*

sharing.de und mit diesem die länderübergreifende Platt-
form *myfoodsharing.org*. Davor hatte der Dokumentarfil-
mer sich für seinen Film ›Taste the Waste‹ (2011) intensiv mit
der weltweiten Lebensmittelverschwendung beschäftigt.
Thurns Bilder und die Dimensionen unserer Überfluss- und
Wegwerfgesellschaft ließen kaum jemanden, der den Film
gesehen hat, kalt. Allein deutsche Haushalte werfen jedes
Jahr Speisen im Wert von rund 22 Milliarden (!) Euro weg.
In Österreich landen im selben Zeitraum 160 000 Tonnen
Lebensmittel im Müll, jeder Haushalt wirft Waren im Wert
von rund 300 Euro auf den Mist.

1 Banane
konventionell

Die – berechtigte – Aufregung um seine Recherchen
nutzt Valentin Thurn nun dazu, der Lebensmittelverschwendung entgegenzuwirken. Die Möglichkeiten, aktiv zu werden, gibt er all jenen, die seine Dokumentation nachdenklich
gemacht hat, selbst in die Hand. Ob du ›Taste the Waste‹ gesehen hast oder nicht: Auch du kannst auf *myfoodsharing.org*
Übriggebliebenes loswerden oder nach fehlenden Zutaten
suchen. Auf der Plattform werden ›gut erhaltene und nach
den Gesetzen der Lebensmittelkontrolle essbare, genieß-

1 Bio-Banane

bare Lebensmittel‹ in eine Datenbank eingetragen und einer
Stadt oder Region zugeordnet. So können sie unkompliziert
weitergereicht werden. Geben kann jeder – Privatpersonen
ebenso wie Händler, aber auch Bauern und Produzenten.
Wichtiges Detail: ›Alle Produkte stehen als kostenloses Angebot im Netz.‹ Dem Initiator ist es nicht nur ein Anliegen, dass
weniger weggeworfen wird, sondern er möchte auch auf den
ideellen Wert von Lebensmitteln hinweisen. Weitergegeben
werden darf fast alles. Ausgenommen sind ausschließlich
Produkte, in denen rohes Ei oder roher Fisch enthalten ist.
Vollkornbrot-Backmischungen, Tee, Fischkonserven oder
selbst eingekochte Marmeladen kann man in der Datenbank

ebenso finden wie ein halbes Kilogramm erntefrische Kaktusfeigen oder eingelegte Oliven.

Wie groß der Erfolg der Plattform sein wird, lässt sich noch nicht sagen. Unterstützt wird der Verein bei seiner Arbeit jedenfalls vom Beiersdorf-Konzern. In Österreich hat sich unter anderem das Umwelt- und Landwirtschaftsministerium für die Initiative starkgemacht. 50 000 Menschen sind insgesamt bereits auf *myfoodsharing.org* registriert. Sie sind in allen großen deutschsprachigen Städten zu Hause, aber auch in kleineren Gemeinden – etwa im Vorarlberger Lustenau oder in Überlingen in Baden-Württemberg.

100 g Nudeln
konventionell

Plattform hin oder her: Auch ohne Registrierung kannst du dich darum bemühen, Lebensmittel nicht einfach wegzuwerfen. Entweder bietest du deine Reste aktiv in der Nachbarschaft, unter Kollegen oder im Freundeskreis an. Oder: Solltest du bei sozialen Netzwerken wie Facebook, Google+ oder Twitter registriert sein, wird sich vermutlich unter deinen dortigen Freunden, Kontakten und Followern jemand finden, der dir gern Party-Überbleibsel, überschüssige Gurken oder Kuchen abnimmt.

100 g Bio-Nudeln

Was du in jedem Fall beherzigen solltest: Nur weil bei Produkten das Mindesthaltbarkeitsdatum nahe gerückt oder leicht überschritten ist, sind diese nicht gleich verdorben oder ungenießbar. Es handelt sich bei dieser Datumsangabe um eine gesetzlich vorgeschriebene Aufbrauchfrist und Empfehlung, bis wann ein Lebensmittel im besten Fall zu verzehren ist. Darüber hinaus verlässt du dich aber am besten auf deine Sinne: Rieche, schau genau, koste vorsichtig. Und bevor du tatsächlich verdorbene Ware in den Müll wirfst, freuen sich in der Nachbarschaft womöglich noch Hühner oder Schweine über eine schmackhafte Gabe.

FILM- UND BUCHTIPP

Valentin Thurn hat die Rechercheergebnisse seiner Film-
dokumentation ›Taste the Waste‹ (auf DVD erhältlich) auch
in einem gleichnamigen Buch verarbeitet. Gemeinsam mit
Stefan Kreutzberger ist von ihm außerdem der Band ›Die
Essensvernichter‹ (beide Kiepenheuer & Witsch) erschienen.

→ myfoodsharing.org
→ www.facebook.com/FoodsharingOesterreich
→ www.lebensmittelretten.de

Werde Mundräuber

Auch in deiner Umgebung gibt es Bäume und Sträucher, deren Früchte und Beeren ungepflückt verfaulen. Lass dir diese Leckereien nicht entgehen und teile das Wissen um ihren Standort – oder entdecke sie auf *Mundraub.org*.

E s macht mit den Reiz des Wanderns aus, dass wir dabei immer wieder einmal Unerwartetes entdecken können. Schöner als jede Mahlzeit im Gasthaus ist die spontane Rast, wenn du im Wald zufällig in eine Brombeerlichtung stolperst, du dich am Wegesrand plötzlich unter einem übervollen Baum mit reifen Klaräpfeln findest oder dir andere Wanderer an Birnen knabbernd entgegenkommen und dich auf eine Fallobstwiese dirigieren, auf der es nur so wimmelt vor – Achtung! – Wespen und – köstlich! – überreifen, teils bereits abgefallenen Früchten. Wer sich hier die Zeit nimmt, kostet, nascht und sammelt, der gewinnt womöglich eine Ahnung vom Paradies. Jedenfalls weißt du spätestens in solchen Momenten, warum die Bauern im Herbst seit jeher Erntedankfeste feiern.

10 km Fahrrad fahren

Nein, hier soll nicht Diebstahl propagiert, sondern der Vergeudung entgegengewirkt werden. Natürlich soll niemand den Obst- und Gemüsebauern ihre Ernte abspenstig machen. Doch es gibt zahllose Bäume und Sträucher, die von niemandem bewirtschaftet und niemals abgeerntet werden; deren Früchte am Boden liegend verfaulen. Selbst ganze Plantagen vegetieren, scheinbar vergessen, für sich alleine dahin, blühen und tragen – weil es sich in unseren Breiten oft nicht mehr lohnt, die beschwerliche Erntearbeit zu bezahlen. Wenn das Pflücken und der regelmäßige Baumschnitt unterm Strich mehr kosten, als ein Obstbauer dafür im Verkauf verdienen kann, dann verwildern die Kulturen, oder sie werden abgeholzt. Manch Besitzer hat daher gar nichts dagegen, wenn sich andere Zeitgenossen selbst bedienen und Kirschen oder Äpfel pflücken, bevor sie abfallen und verfaulen.

Auch bei einzeln wachsenden Bäumen oder Sträuchern haben die Besitzer oft gar kein Interesse an einer Ernte, wissen manchmal gar nicht, dass die Früchte essbar wären, und sind froh, wenn die Hölzer abgeerntet werden, anstatt dass faules Obst die Gehwege, Parkanlagen oder Trottoirs befleckt. Genau hier setzt die Plattform *Mundraub.org* an: Sie versucht zu vermitteln – zwischen Besitzern, willigen Sammlern oder auch denjenigen, die von ungenutzten Bäumen und Kräutern wissen und ihr Wissen zu teilen bereit sind. Wer sich über die Website als ›Mundräuber‹ registriert, kann solche Orte eintragen, bewerten und beschreiben. Interessierte finden diese dann problemlos auf der digitalen Landkarte, etwa einen Marillenbaum auf dem Campus der TU Berlin, eine Gruppe von Haselnusssträuchern in Berlin-Charlottenburg oder einen sicheren Bärlauch-Flecken im Salzburger Glasenbach.

Die Nutzungsvorschriften des sozialen Erntehelfer-Netzwerks sind eindeutig: Eigentumsrechte dürfen nicht verletzt werden, im Zweifelsfall soll nachgefragt werden; Engagement für Obstbäume und speziell für alte Kultursorten ist erwünscht – und mit den Hölzern, Wiesen und auch Tieren ist schonend und respektvoll umzugehen. Dass das auch in der Praxis so und nicht anders passiert, diese Verantwortung liegt letztlich bei dir, beim Nutzer.

Gerade für viele Städter wird es eine Überraschung sein, wie viele Mundraub-Plätze an urbanen, manchmal sogar innerstädtischen Orten gelistet sind, oft im eigenen

1 Apfel,
selbst gepflückt

Viertel – in kleinen Parks, in Hecken am Wegesrand oder in öffentlich zugänglichen Hinterhöfen. Auf dem Wiener Stadtgebiet gibt es derzeit 285 Einträge, in Berlin sind 1138 Orte markiert. Womöglich wird dich auch überraschen, *welche* Früchte du alle nutzen kannst. Denn nicht nur Äpfel, Birnen, Marillen, Himbeeren und Brombeeren werden registriert. Auch Wildsträucher, Kräuter und Gräser werden, wenn auch vorerst nur vereinzelt, gelistet – Mirabellen etwa, Sand- und Schlehdorn oder Bärlauchwiesen im Wienerwald und hinter dem Gießener Europaviertel.

Birnen und Zwetschken selbst gepflückt

Teile solche ›Geheimtipps‹ aus deiner Gegend mit Gleichgesinnten. Trag den Maulbeerbaum am Bahnsteig auf *Mundraub.org* ein oder die Haselhölzer entlang des Radwegs. Davon lebt die Plattform. Deren Betreiber – eine Berliner Initiative rund um den Umweltingenieur Kai Gildhorn – sind bestrebt, sie auch weiterzuentwickeln. Unterstützt werden sie dabei mittlerweile von einigen Kommunen und fortschrittlichen Touristikern. Bestes Beispiel: das Erholungsgebiet Hasetal im niedersächsischen Grenzgebiet zu den Niederlanden. Bereits vor mehr als zwanzig Jahren hat man sich dort seiner Tradition der öffentlichen Obstalleen besonnen und mehrere tausend Apfel-, Birnen- und Pflaumenbäume für Besucher, Wanderer, Radler und Anwohner gepflanzt. Heute wirbt der Tourismusverband gemeinsam mit den Machern von *Mundraub.org* um Baumpaten und Gäste – vor allem Radler –, die nicht nur Erholung suchen, sondern entlang des Flusses Hase auch Früchte und Beeren sammeln wollen.

Weitere Regionen sollen folgen. Gegenden wie das niederösterreichische Mostviertel, die Gemeinden Baden-Württembergs oder manche Teile Brandenburgs scheinen jedenfalls prädestiniert für Mundraub-Aktivitäten. Solltest

du selbst überlegen, deine eigene Streuobstwiese ganz offizi-
ell für Sammler zugänglich zu machen oder deine Gemeinde
dazu zu bringen, Brachen freizugeben, könnt ihr euch im
Hasetal beraten lassen. Die dortigen Obstkulturen wurden
bereits vor 15 Jahren zum Allgemeingut erklärt.

→ mundraub.org
→ www.hasetal.de

Iss Innereien

Weil es kaum eine schlimmere Form der Verschwendung gibt, als Fleisch wegzuwerfen (oder wegwerfen zu lassen): Iss nicht nur Steak und Lungenbraten, sondern probier und prüf zumindest auch Herz und Nieren. Womöglich entdeckst du Delikatessen. Und als Innereien-Esser gewinnst du – kein Schaden – auch eine Menge kulturelles Kapital.

Stimmt schon: Weniger Fleisch tut uns allen not. *Weniger Fleisch* bedeutet aber, konsequent gedacht, auch, dass wir nicht ausschließlich jene Teile eines Tiers essen dürfen, die sich landläufig als ›Edelteile‹ etabliert haben. Wer nur Lungenbraten, Filet, Steak, Brust und vielleicht gerade noch Hühnerkeule isst, den großen Rest des geschlachteten Tiers hingegen verschmäht, der ist zuvorderst ein Verschwender – und mit dafür verantwortlich, dass in unseren Breiten mehr Tiere gemästet werden, als eigentlich nötig ist. Denn natürlich wird der restliche Schlachtkörper nicht einfach weggeworfen, sondern global gehandelt. In anderen, ärmeren Weltgegenden ruiniert der Import günstiger, ›minderwertiger‹ Fleischteile aus Europa dann mitunter die lokale Produktion.

Mich selbst hat Alois Posch inspiriert, der im österreichischen Lebensministerium lange Jahre für biologische Landwirtschaft zuständig war und als einer der Wegbereiter der hiesigen Bio-Bewegung gilt. Sein Credo lautet: ›Wenn schon ein Tier für mich sterben muss, dann esse ich es wenigstens ganz und werfe nichts weg. Das ist meine persönliche Form der Wertschätzung.‹ Das mag ein wenig archaisch anmuten, aber ich versuche, es ähnlich wie Posch zu handhaben. Denn ohne Respekt gegenüber dem getöteten Tier gibt es keinen mündigen Fleischkonsum.

Es kann schon sein, dass dir dieser Respekt einige Überwindung abverlangt und du dafür bewusst gegen eine kulturelle Errungenschaft ankämpfen musst: deinen Ekel. Eine Form der Ehrerbietung gegenüber der geschlachteten Kreatur ist es in jedem Fall, sich gegen die eigenen Geschmacksgewohnheiten aufzulehnen und sich bewusst auf Innereien einzulassen, diese zumindest einmal zu versuchen. Und die Chance ist groß, dass du – hast du dich erst einmal an Leber, Niere, Lunge, Herz und Magen herangewagt – eine Delikatesse entdeckst!

Der Brite Fergus Henderson hat aus diesem Ansatz, vielleicht ein wenig übertrieben, sogar eine eigene Art von Religion gestrickt. Sein Postulat – ›Nose to Tail‹ – wird als kulinarische Klammer dafür, alles ›von der Schnauze bis zum Schwanz‹ zu essen, jedenfalls gehört. Frittierte Schweinsohren, Hasen- und Hühnerherzen tauchen heute schon einmal in Lokalen auf, deren Klientel früher beim Studieren der Karte darüber die Nase gerümpft hätte. Und ich erinnere mich an eine Party, bei der der Held des Abends jener Connaisseur war, der als Mitbringsel frische Markknochen dabeihatte, die wir schließlich alle gemeinsam im Rohr zubereiteten.

Inszenierung und Insiderwissen – das ist nicht nur Ernährungssoziologen klar – gehören ebenso zum Essen wie ein guter Tropfen Wein oder ein gepflegtes Craft Beer. Wobei Bier ein guter Vergleich ist. Denn wem, bitte schön, hat schon vom ersten Schluck an Bier geschmeckt?! Und beim Wein ist es kaum anders. Bei beiden ist, wie bei Herz und Nieren, ein wenig Überwindung nötig, kulturelle Sensibilisierung und die Schulung von Geschmacksnerven, bis du ein gutes Weizenbier oder einen Grünen Veltliner wirklich genießen kannst.

Ich gestehe: Zur Gänze ist mir diese Überwindung auch noch nicht gelungen. Hirn und Hoden rühre ich nicht

100 g Schweine-fleisch konventionell

100 g Bio-Schweine-fleisch

an. Ich möchte weder das Gehirn noch die Geschlechtsteile eines Tieres in meinem Mund haben. Dafür haben mich knusprige Schweinsohren ebenso überzeugt wie Blutwurst und geröstete Leber mit Powidl.

Was du in jedem Fall anstreben solltest: nicht zu jenen Menschen zu gehören, die ihr Fleisch nur steril abgepackt und eingeschweißt in Plastiktassen kaufen; denen allein schon vor dem Gedanken ekelt, dass dabei Blut im Spiel gewesen sein könnte. Für diese Zeitgenossen hat der US-amerikanische Food-Blogger, Allesfresser und ehemalige Polit-Journalist Hank Shaw den Begriff ›Plastic People‹ geprägt. Diese Bezeichnung ist natürlich – und zu Recht – verächtlich zu verstehen. So sollst du nicht sein.

100 g Salami

Lass dich auf Experimente ein, probiere dich durch und denk dabei an deinen ersten Schluck Bier (oder Wein) – und ruhig ein wenig antizyklisch: Wenn der Rest der Welt zum Jahreswechsel Fondue isst und Karree, Lungenbraten oder geschnittene Putenbrust kauft, bestell was Besonderes im Bioladen und lade Freunde zu Silvester zum Sauschädelessen ein. Das schmeckt nicht nur, sondern macht dich auch interessant.

BUCHTIPPS

Rezepte zum Kochen mit Innereien und kulinarische Anregungen von Schwanz bis Schnauze findest du in Wolfram Siebecks ›Kochbuch der verpönten Küche‹ (Edition Braus) und in Fergus Hendersons Band ›The Complete Nose to Tail. A Kind of British Cooking‹ (Bloomsbury Publishing).

Kauf gemeinsam mit Gleichgesinnten ein

Wer zusammen mit anderen direkt beim Bauern und Produzenten kauft, spart nicht nur Bares, sondern arbeitet der eigenen Entfremdung von Lebensmitteln entgegen. Und als Mitglied einer ›Food Coop‹ sorgst du nicht zuletzt auch dafür, dass mehr Geld beim Erzeuger landet, als wenn du im Supermarkt einkaufst.

Nichts ist zeitgemäßer als eine Food Coop. Und das, obwohl die Idee der Konsum- und Einkaufsgenossenschaften bis ins 19. Jahrhundert zurückreicht. Mit Unternehmen wie Coop und Migros, den beiden großen in der Schweiz verbliebenen Konsumgenossenschaften, haben die zahlreichen seit den 1970er-Jahren und zuletzt verstärkt zu Beginn des neuen Jahrtausends gegründeten Einkaufszusammenschlüsse allerdings nur bedingt etwas gemein. Auch in vielen anderen europäischen Ländern gab es über Jahrzehnte hinweg große Konsumgesellschaften – meist wurden diese allerdings aufgelöst oder sie mussten schließlich an große Konzerne verkauft werden, weil sie durch die Konkurrenz der Supermarktketten in finanzielle Schwierigkeiten geraten waren. Im 19. Jahrhundert und zu Beginn des 20. Jahrhunderts war das Ziel dieser Genossenschaften, dem vereinten Industrieproletariat günstigere Preise beim Einkauf von Lebensmitteln und Alltagsartikeln zu verschaffen.

Heute geht es Lebensmittel-Kooperativen, kurz ›Food Coops‹ genannt, eher darum, frische, ökologisch produzierte Waren aus der Region zu beziehen. Indem gemeinsam eingekauft wird, zahlt es sich auch für Bauern und Produzenten in der Gegend aus, die jeweilige Food Coop zu beliefern. ›Durch den Direktbezug der Waren und die in der Regel unbezahlte

Arbeit entfällt der Preisaufschlag des Einzelhandels‹, heißt es etwa im Leitfaden der deutschen Bundesarbeitsgemeinschaft der Lebensmittelkooperativen. ›Dadurch und durch die gemeinschaftliche Übernahme der Arbeiten (es gibt in kleinen Koops keine Angestellten) ergeben sich günstigere Preise für Naturkost, ohne dass die Preise auf Erzeugerseite gedrückt werden. Im Gegenteil, die Höfe erhalten so oft mehr als vom Großhandel. Die Preise werden auf diese Weise auch von Mitgliedern mit geringerem Einkommen akzeptiert.‹

1 kg Kopfsalat konventionell

Günstige Preise sind also auch heute ein Beweggrund, gemeinsam einzukaufen. Allerdings gibt es neben dem ökologischen auch einen klaren sozialen Anspruch: Der eigene Preisvorteil soll nicht auf Kosten der Produzenten gehen, sondern sich dadurch ergeben, dass die klassischen Strukturen des Lebensmitteleinzelhandels umgangen werden. Auch die überschaubare Mitgliederanzahl – empfohlen werden zwischen 15 und 60 Abnehmer – gehört zum Konzept moderner Food Coops: ›Der direkte Kontakt zu den Erzeugenden,

1 kg Bio-Kopfsalat

der auch persönliches Kennenlernen und Besuche auf den Höfen einschließt, leistet einen Beitrag zur Aufhebung der Entfremdung von unseren Nahrungsmitteln. Sie erlangen so eine angemessene Bedeutung.‹ Als Teil einer Food Coop wirst du, werden deine Kinder oder deine Mitbewohner nicht nur viel über die Erzeugnisse aus der unmittelbaren Umgebung erfahren. Durch den direkten Kontakt mit den Produzenten wirst du auch Verständnis für Landwirtschaft und die schwierige Situation von Bäuerinnen und Bauern entwickeln.

Regionalität ist also wichtig für dieses Konzept. Im Idealfall leben außerdem alle Mitglieder einer Food Coop im selben Wohnviertel oder Stadtteil. Das vereinfacht die Organisation ungemein. Ein möglichst kühler, trockener Lagerraum, vorzugsweise ebenerdig, ist Voraussetzung, damit die

Lieferung möglichst unkompliziert vonstattengeht. Einige Food Coops haben bei Umweltschutzverbänden, Parteien, Kirchen oder auch Bildungseinrichtungen Unterschlupf gefunden und bekommen dort einen geeigneten Raum zur Verfügung gestellt. Mehr als einen Kühlschrank, eine Waage, ein paar Regale und Schneidbretter braucht es meist nicht. Erklärtes Ziel ist es, kostendeckend und nicht gewinnorientiert zu arbeiten. Am besten und günstigsten geht das, wenn die anfallenden Arbeiten – das Putzen, das Entgegennehmen der Lieferungen, die Abrechnung – von den Mitgliedern der Coop selbst verrichtet werden. Etwas teurer wird alles, wenn eine Halbtagskraft diese Aufgaben erledigt.

1 kg Trauben
konventionell

Dass eine Food Coop ein wenig mehr Aufwand bedeutet, als im Supermarkt einzukaufen, ist logisch. Auch einigermaßen geplante und geregelte Ernährungsgewohnheiten sind von Vorteil – schließlich muss immer im Vorhinein beim Erzeuger bestellt werden. Ein weiterer positiver Aspekt ist aber auch, dass du als Mitglied einer Lebensmittelkooperative eine Menge Verpackungsmaterial und Abfall vermeiden kannst. So könnt ihr beim gemeinsamen Bestellen Pfandflaschen und -gläser oder auch größere Gebinde und Verpackungseinheiten bevorzugen – und zum Abholen selbst Behältnisse von zu Hause mitbringen.

1 kg Bio-Trauben
aus der Region

Bevor du nun überlegst, die Gründung einer eigenen Food Coop anzugehen, erkundige dich, ob es in deiner Gegend nicht ohnehin eine oder mehrere gibt. Das ist gar nicht so unwahrscheinlich, schließlich weiß etwa die deutsche Arbeitsgemeinschaft der Lebensmittelkooperativen von bis zu 300 Coops mit fixem Lager und knapp 2000 Einkaufsgemeinschaften ohne eigene permanente Lagerfläche.

Sollte keine davon in deiner Nähe aktiv sein, dann findest du im Internet zahlreiche Tipps und Anleitungen zum

Gründen einer solchen Kooperative – von der Organisation der Finanzen (etwa praktisch und bargeldlos über ein eigenes Food-Coop-Konto) bis hin zum rechtlichen Rahmen. Da es sich bei Food Coops um geschlossene Gruppen handelt, die nichts an Nicht-Mitglieder verkaufen, und außerdem um einen nicht-gewinnorientierten Zusammenschluss, genießen diese eine Reihe von bürokratischen und anderen Freiheiten – etwa auch, dass ihr euch bei der Erledigung der anfallenden Aufgaben immer wieder einmal abwechselt. Das schafft interessante Einsichten und beugt der Entfremdung vor. Du bist dann nicht nur, was du isst. Tatsächlich *weißt* du dann auch wirklich, was du isst.

→ www.oekoop.de
→ www.foodcoops.at
→ bio-food-coop.de
→ www.sfcoop.ch

Bestell eine Bio- oder Ökokiste

Auch wer sich regelmäßig eine Ökokiste mit Obst und Gemüse nach Hause liefern lässt, muss sich nicht ausschließlich auf regionale Produkte beschränken. Und: Zusätzlich zu den Lebensmitteln bekommt man Rezeptvorschläge und ein Gespür für saisonal sinnvolle Küche mitgeliefert, die noch mehr Lust auf die gesunden Leckereien machen.

Zum Bestellen einer Ökokiste reicht meist eine E-Mail oder ein Telefonat – auch zum Abbestellen oder Unterbrechen. Die meisten Betriebe, die ihre Bioprodukte auf diesem Weg direkt vertreiben, bieten auch einmalige Lieferungen an. Du kannst also einfach mal austesten, wie es dir damit geht, wenn du dir Gemüse und Obst nach Hause orderst. Wenn du Zwetschken und Zucchini nicht ausstehen kannst, auf Birnen allergisch bist oder selbst zwei Zwetschkenbäume im Garten oder ein paar Zucchinipflanzen am Balkon hast, ist das auch kein Problem. Erstens kannst du angeben, welches Obst und Gemüse du ganz sicher *nicht* in deine Kiste gepackt haben möchtest. Und zweitens gibt es bei fast allen Lieferanten auch ein eigenes ›Gartler-Kistl‹. Dessen Obst- und Gemüse-Mix nimmt auf Gartengepflogenheiten und landläufig gängige Sorten Rücksicht. Schließlich möchte kein Kleingärtner in der eigenen Tomaten-Haupterntezeit auch noch eine zusätzliche Ladung Rispentomaten vor die Tür geliefert bekommen.

Wenn du viel im Büro und selten zu Hause bist, kannst du dir eine ›Büro-Naschkiste‹ mit knackigem Obst und Gemüse zum Reinbeißen bestellen – natürlich direkt an den Arbeitsplatz. Die Bezahlung ist in jedem Fall simpel: Abgebucht wird von deinem Konto. Selbst für Single-Haushalte haben manche Kistenanbieter ein eigenes ›Mini‹-Angebot im Programm. Und wenn du schwanger bist – oder deine Freundin, deine Frau oder sonst jemand im Haushalt – oder gerade ein Baby stillst, dann gibt es eine eigene ›Mutter-Kind-Kiste‹, die Kohl, Sauerkraut, Bohnen und andere blähende Gemüsesorten einfach ausspart.

Du siehst: Die Direktvermarktung kennt kaum Grenzen. Die Bio- und Ökokisten-Lieferanten haben für fast alle Lebenslagen der potenziellen Kundschaft etwas Passendes parat. Und sie lassen dich mit ihren Erzeugnissen auch nicht alleine: Mit jeder Kiste werden einige Rezeptvorschläge mitgeliefert, die auch für ungeübte Köche praktikabel sind. Schließlich wissen die wenigsten von uns aus dem Stand, was sich mit Wirsing, Pak Choi oder Schwarzwurzeln so alles zaubern lässt. Und in manchen Fällen – etwa beim größten österreichischen Lieferanten, dem Biohof Adamah – können online oder telefonisch auch gleich andere Bioprodukte mitbestellt werden, beispielsweise Fleisch, Milch, Käse, Bier, Wein oder Tee. Die einzige Voraussetzung für eine Bio- oder Ökokiste ist also eine gewisse Freude am Kochen oder wenigstens die Neugier, die eigene Küchengerätschaft einmal zu erproben.

Was viele vielleicht überraschen wird: Die Ökokiste ist ein Markenprodukt. Denn zumindest in Deutschland ist der Begriff ›Ökokiste‹ seit den 1990er-Jahren geschützt. Inhaber der Markenrechte ist ein Verein, hinter dem mehr als 50 Biobauern und Direktvermarkter sowie mehr als 50 000 Abonnenten stehen. Nicht geschützt ist hingegen der Terminus ›Biokiste‹ oder auch ›Biokistl‹. Aber natürlich müssen sich alle Biobauern und -vermarkter an die von der Europäischen Union festgelegten Richtlinien für biologische Produkte halten – und sie werden auch streng kontrolliert.

500 g Erdbeeren
konventionell

500 g Bio-Erdbeeren

In den allermeisten Fällen stecken hinter jeder Biokiste mehrere Produzenten. Das heißt: Ein Anbieter vermarktet die Erzeugnisse mehrerer Biobauern. Es gibt aber auch Ausnahmen, etwa den Vorarlberger Vetterhof, der mehr als 200 Gemüsesorten aus ausschließlich eigenem Anbau vertreibt. Mit einer solchen Vielfalt an Farben, Formen und Geschmäckern kann kein Supermarkt der Welt jemals mithalten.

Vereinzelt werden auch Kistenabos mit regional angebautem Obst und Gemüse angeboten, die *nicht* aus Biolandbau stammen. Geschmacklich können diese Produkte tadellos sein. Was dennoch gegen sie spricht, sind ihre Herstellungsbedingungen: ›Bio-Produkte verbrauchen in der Produktion um 10 bis 30 Prozent weniger Wasser als konventionelle Lebensmittel‹, so Thomas Lindenthal vom Forschungsinstitut für biologischen Landbau (FiBL). Ich kaufe daher im Zweifel lieber Bio-Produkte aus dem Supermarkt als Konventionelles aus der Gegend.

1 kg Roggenbrot

Eine freiwillige Selbstbeschränkung auf ausschließlich regionale Erzeugnisse scheint ohnehin wenig sinnvoll. Niemand muss gänzlich auf Bananen, Orangen, Zitronen oder andere Importprodukte verzichten – sofern sie einer vernünftigen Bio-Produktion entstammen (und im besten Fall auch noch nach Fairtrade-Kriterien gehandelt wurden). Dass diese Exoten nicht auf dem täglichen Speiseplan stehen sollten, versteht sich von selbst. Reizvoll kann es trotzdem sein, sich einmal für ein paar Wochen auf ein ausschließlich regional befülltes Biokistl einzulassen. Denn wer sich beklagt, wenn er im Winter in unseren Breiten vor allem Wurzelgemüse vorgesetzt bekommt, gleichzeitig aber kein Problem damit hat, dreimal die Woche oder gar täglich Fleisch zu essen, dem fehlt schlicht die Fantasie. Und ein gutes Kochbuch.

1 kg Bio-Roggenbrot

→ www.oekokiste.de
→ www.biokisten.org
→ www.adamah.at
→ www.biohof.at
→ www.vetterhof.at

BUCHTIPPS

Sehr brauchbar: ›Das Ökokisten-Kochbuch‹ (Heyne) versammelt eine Reihe von Rezepten, die der Verband ›Ökokiste‹ das ganze Jahr über an seine Kisten-Abonnenten mit ausliefert. Anregungen zum Kochen mit Wurzelgemüse liefert das Buch ›Wurzelwerk. Herbst- und Winterrezepte aus der Gemüseküche‹ (Thorbecke) von Markus Wagner und Petra Forster.

Iss bedrohte Tiere

Nur wenn wir bedrohte Pflanzensorten und
Tierrassen auch weiterhin wirtschaftlich
nutzen, werden sie uns erhalten bleiben.
Alte Gemüse- und Obstsorten und auch
Fleisch, Eier, Milch und Käse von bedrohten
Nutztieren gehören deshalb tunlichst auf
den Teller.

Wenn man den Panda langfristig vor dem Aussterben bewahren wolle, sagte mir unlängst ein Tierschützer, dann müsse man sich darum kümmern, dass die Chinesen auf den Geschmack von Pandafleisch kommen. Dasselbe gelte für Tiger. Denn: Nur als deklarierte Delikatesse gäbe es für viele bedrohte Arten eine Chance.

Wie ernst mein Bekannter seine Forderung, Pandas zu essen, gemeint hat, weiß ich nicht. Wir saßen am Feuer, tranken Bier und warteten darauf, dass die Glut hoch und weiß genug sein würde, um darüber ein ganzes Mangalitza-Ferkel zum Garen in der Feuergrube zu versenken. (Nach dieser *Kalua* genannten Methode bereiten die Hawaiianer Hühner, Schweine und ganze Rinder im Erd-Dampfofen zu.) Im Kern ist seine Polemik jedenfalls wahr: Alle großen Tiere, die uns Menschen im Lauf der Geschichte in die Quere gekommen sind und die wir nicht sinnvoll nutzen konnten, haben wir ausgerottet. Nur durch Glück oder einen Rückzug in entlegenere Landstriche haben manche überdauert.

Auch eine Nutzung durch den Menschen garantiert freilich nicht das Überleben. Der eindrücklichste, übelste Beleg dafür ist die Wilderei: Wildern ist niemals nachhaltig. Landwirtschaft sollte es aber wieder werden. Mein Bekannter plädierte ganz klar für eine kontrollierte Panda-Zucht: Wollte man Pandas und Tiger ernsthaft als Delikatesse erhalten, dann müsste das jedenfalls in weitläufigen, vor Wilderei geschützten Bio-Reservaten passieren.

Doch nicht nur Panda und Tiger sind bedroht. Der intensiven Landwirtschaft sind längst auch uralte Wegbegleiter des Menschen zum Opfer gefallen – etwa das Deutsche Weideschwein. Jede Woche verliert die Erde zwei Nutztierrassen. In den letzten 100 Jahren sind 740 der 7600 bekannten Nutztierrassen ausgestorben. In den nächsten zwanzig Jahren rechnet die Welternährungsorganisation FAO damit, dass weitere 2000 Haus- und Nutztiere für immer verloren gehen. Die Ursache ist ganz klar: Die immer intensivere Landwirtschaft hat diese Geschöpfe ausgemustert und durch hochgezüchtete Einheitstiere ersetzt. In Tierfabriken stehen immer mehr Zwei- und Vierbeiner, die immer schneller wachsen, mehr Eier legen, mehr Milch geben und Kraftfutter möglichst noch schneller in Fleischmasse verwandeln. Noch vor wenigen Jahrzehnten gab eine gute Kuh durchschnittlich 5000 Liter Milch pro Jahr. Der Milch-Output heutiger Hochleistungskühe ist drei Mal so hoch! Der derzeitige Rekord liegt bei 16 000 Litern. Das entspricht mehr als der dreifachen Menge, die eine Kuh bräuchte, um ihr Kalb zu säugen. Das mag zwar rentabel sein, ist aber ethisch nicht vertretbar und geht auf Kosten der Tiere, die immer öfter an Stoffwechsel- und Euterkrankheiten leiden.

Wenn aber immer mehr der insgesamt immer weniger werdenden Bauern auf solche Milch-, Eier- und Fleischfabriken setzen, dann gehen im Gegenzug die vielen alten, an regionale Witterung und Ökosysteme angepassten Rinder, Schafe, Schweine und Hühner verloren. Was verschwindet, wenn Harzrind und Turopolje-Schwein aussterben, ist nicht nur ein genetischer Schatz. Es sind auch über Jahrhunderte und Jahrtausende herausgezüchtete tierische Eigenschaften wie Genügsamkeit, Robustheit und Widerstandsfähigkeit gegenüber Parasiten und Krankheiten, die mit jeder einzelnen sogenannten ›alten Rasse‹ verbunden sind – und die mit ihrem Aussterben passé sind.

›Aber warum lohnt sich der Einsatz für die Erhaltung des Rotbunten Niederrinds? Wäre die Welt ohne das Schwäbisch Hällische Schwein ärmer? Welche Vorteile bringt dem Verbraucher die Rettung der Weißen gehörnten Heidschnucke? Ist das Federfüßige Zwerghuhn so einzigartig, dass der Erhalt der Rasse die Bemühungen rechtfertigt?‹, fragt sich der Kieler Gastrokritiker und Food-Journalist Jens Mecklenburg. Sein Buch ›Raritäten von der Weide‹ ist ein lesenswertes Sammelsurium der Vielfalt. Es stellt ›66 Nutztiere, die Sie kennenlernen sollten, bevor sie aussterben‹ vor. Sein Resümee lautet: Ja, die Welt wäre ohne alle diese Tiere tatsächlich ärmer.

Das hat mehrere Gründe: Einerseits sprechen langfristige ökonomische Überlegungen ganz klar für den Erhalt möglichst vieler unterschiedlicher Pflanzensorten und Nutztierrassen. ›Artenvielfalt ist wie ein großer Baukasten der Genetik‹, erklärt Jörg Bremond von der Bonner Bundesanstalt für Landwirtschaft und Ernährung: ›Wir wissen nicht, welche Bauteile wir einmal brauchen. Es wäre unverantwortlich, Gene einfach aufzugeben.‹

Andererseits sind die selten gewordenen, sogenannten ›alten Rassen‹ auch Teil unserer jeweiligen Kultur. Als Kulturgut sind sie damit genauso schützens- und erhaltenswert wie Kunstwerke und Baudenkmäler – und sollten längst nicht nur von der FAO observiert werden, sondern auch von der UNESCO als Weltkulturerbe geschützt sein. Nicht zuletzt sind diese Tiere ans lokale Klima, an Wetter- und Höhenlagen ebenso angepasst und ebenso außergewöhnlich wie Burgen, Kirchen und Kathedralen. Doch anders als Baudenkmäler lassen sich Tierbestände und ihre spezifischen Merkmale und Eigenschaften nicht einfach so konservieren und alle paar Jahrzehnte restaurieren. Was nicht gebraucht wird und nicht im Einsatz ist, verschwindet. Und damit verschwindet die Vielfalt.

›Rettet die Sorten, esst sie!‹, lautet daher auch das Credo der Stadtflucht Bergmühle. Das Freizeitrefugium hat das in Italien und Spanien bewährte Agriturismo-Konzept ins Wiener Umland importiert. Städter zelebrieren im gleichermaßen mondänen wie rustikalen Rahmen in der Bergmühle eine sonst verloren gegangene Langsamkeit und Ruhe – und zahlreiche Köstlichkeiten, die aus alten Obst- und Gemüsesorten zubereitet werden. Die verarbeiteten Zutaten stammen zum Teil aus eigenem Biolandbau, zum überwiegenden Teil jedenfalls aus einem Umkreis von maximal 50 Kilometern.

Es muss also konsequenterweise heißen: ›Iss bedrohte Tiere!‹ Denn wirklich überdauern werden Mangalitza-Schwein, Waldviertler Blondvieh, Zackelschaf und Brakel-Huhn nur, wenn wir sie auch weiterhin nutzen.

→ www.arche-noah.at
→ www.prospecierara.ch
→ www.g-e-h.de
→ www.slowfood.de
→ www.stadtfluchtbergmuehle.at

BUCHTIPP

Jens Mecklenburg: ›Raritäten von der Weide. 66 Nutztiere, die Sie kennenlernen sollten, bevor sie aussterben‹ (Oekom Verlag) enthält zahlreiche Bezugsadressen aus Handel und Gastronomie für Österreich, Deutschland und die Schweiz.

Geh auf die Jagd

Verabschiede dich von deinen Vorurteilen und lass dich auf die natürlichste und archaischste Form der Nahrungsbeschaffung ein. Ob du tatsächlich schießt und praktizierst, entscheide später. Erst die Beschäftigung mit der Jagd wird dir so manchen Zusammenhang über Mensch, Natur und Kulturlandschaft erschließen.

Wirklich herumgesprochen hat sich noch nicht, was ein ›Feretarier‹ ist. Von einem Trend zu sprechen, wäre also eine maßlose Übertreibung. Doch es gibt sie, jene Zeitgenossen, die, wenn sie Fleisch essen, ausschließlich Wildbret verarbeiten und verzehren – genau das meint dieser Begriff. Geprägt hat ihn der niederösterreichische Veterinär und Tierethiker Rudolf Winkelmayer – durchaus mit der Absicht, auch die Idee dahinter zu propagieren. Als ›Feretarismus‹ hat er in der Jagdzeitschrift *Weidwerk* den Ansatz beschrieben, in der eigenen Ernährungsweise ohne Nutztiere auszukommen, ohne dabei gleichzeitig ganz auf Fleisch verzichten zu müssen. Denn die industrielle Massentierhaltung lehnt Winkelmayer als Ethiker klar ab. Dem instrumentalisierten Nutztier stellt er Reh, Hirsch, Hase, Wildschwein und Fasan gegenüber – ›Wildtiere, die in ihrer natürlichen Umgebung mit Nahrungs- und Bewegungsfreiheit leben‹, so Winkelmayer. ›Diese Tiere kommen um ihrer selbst willen auf die Welt, leben ein freies Leben, und es ist nicht gesagt, ob sie vom Jäger erlegt werden oder eines natürlichen Todes sterben. Daher ist es vom ethischen Standpunkt ein riesiger Unterschied, ob ich Wildtierfleisch esse oder das eines landwirtschaftlichen Nutztieres aus Intensivtierhaltung.‹

Doch auch, wenn du im Gegensatz zu Rudolf Winkelmayer der Meinung bist, dass es sehr wohl moralisch vertretbar ist, Tiere zu töten, die einzig als Nutztiere gezüchtet, gehalten und geschlachtet werden: Wenn dir bewusste Ernährung und die naturnahe Produktion von Nahrungsmitteln ein aufrichtiges Anliegen sind, dann wirst du früher oder später nicht daran vorbeikommen, dich mit Jagd zumindest zu beschäftigen. Denn der Konsum von Wild ist die verträglichste Form des mündigen Fleischfressens. Und ohne Jagd gibt es kein Wildbret. Zudem werden Abschüsse – sofern der Schütze weiß, was er tut – als die effizienteste, stressfreieste und damit beste Form der Schlachtung betrachtet. Auch engagierte, widerständige Biobauern, die gegen Industrieschlachthöfe ankämpfen, greifen zusehends auf diese Art der Tötung eines Tiers zurück. Mag sein, dass selbst bei einem routinierten Jäger einmal ein Schuss nicht perfekt sitzt. Doch in den weitgehend automatisierten Industrieschlachthöfen gelangen am Fließband sogar bis zu zwölf Prozent der Tiere unbetäubt zum letzten Akt – noch dazu bei Neonlicht und in Todesangst.

Das ist auch der Grund, warum die oft kritisierte ›Jagd‹ innerhalb weitläufiger Gatter zwar fragwürdig, aber nicht prinzipiell abzulehnen ist. Richtige Jagd ist das natürlich keine. Wenn du solch ein Gatter aber als Weide erachtest und der gezielte Schuss als stressfreieste Form der Schlachtung in ›natürlicher‹ Umgebung gelten kann, dann erscheint die Sache durchaus in einem anderen Licht.

Lässt du dich also auf die Jagd ein, dann vergiss zunächst besser alle Vorurteile. Manche davon werden sich womöglich im Lauf der Zeit bestätigen. Andere Einsichten aber werden dich verblüffen. Etwa jene, dass sich manch aufgeschlossener Jäger mittlerweile als ›Ökobauer‹ sieht. Aber auch, dass manche sonst durchaus kluge Zeitgenossen mit ihrer bedingungslosen Verteufelung und prinzipiell ablehnenden Haltung gegenüber der Jagd nicht ernst zu nehmen sind, da sie in diesem Fall über etwas reden, von dem sie schlicht und einfach keine Ahnung haben.

Am besten absolvierst du einen Jagdkurs, der dich – nach erfolgreich abgelegter Prüfung – befähigt und berechtigt, Jagdkarten zu lösen. Bis du legal jagen gehen darfst, braucht es allerdings einigen Aufwand und Einsatz: Die Jagdprüfung wird nicht zufällig auch als die ›grüne Matura‹ bezeichnet, also mit der schulischen Reifeprüfung verglichen. Du wirst dich schon einige Monate lang intensiv mit der Materie beschäftigen müssen, um zu bestehen.

Neben dem Umgang mit der Waffe und der Wildkunde lernst du im Jagdkurs viel über die dich umgebende Natur. Etwa, dass diese, auch wenn du sie vielleicht manchmal als ›Wildnis‹ wahrnimmst, in unseren Breiten zu weiten Teilen eine intensiv bewirtschaftete Kulturlandschaft darstellt. Dass der Lebensraum von Reh, Hirsch, Gams und Wildschwein auch viele andere Lebewesen beheimatet, die dir weit weniger geläufig sind. Und dass er außerdem ein Spannungsfeld der Interessen von Bauern, Sportlern, Waldbewirtschaftern, Jägern und Erholungsuchenden darstellt.

Das Jägerlatein, das du dir während deiner Ausbildung aneignest, solltest du aber nicht unhinterfragt verinnerlichen. Nicht immer entspricht das Wissen, das innerhalb der Jägerschaft kursiert, dem neuesten Erkenntnisstand – zum Beispiel hinsichtlich der verbreiteten Meinung, dass die Wildfütterung im Winter unbedingt notwendig sei, um Verbissschäden an Bäumen vorzubeugen: ›Die Jäger wollen viel Wild haben, und Füttern ist ein Lenkungsinstrument. Ich kann das Wild in meinem Revier halten. Das Argument, dass

Fütterung zu weniger Wildschäden im Wald führt, stimmt aber nicht‹, hält Elisabeth Emmert, die Bundesvorsitzende des Ökologischen Jagdverbands in Deutschland, in einem Gespräch mit dem Magazin *Biorama* fest. Das real existierende Problem zu hoher Wildbestände würde sich ohne Fütterung in manchen Revieren von selbst regeln. Und auch auf den offensichtlichen Widerspruch, wenn manch Jäger darüber jammert, dass es in seinem Revier – leider, leider – durch die intensive Landwirtschaft kaum mehr Feldhasen und Rebhühner gebe, er aber trotzdem jedes Jahr Dutzende dieser Tiere erlegt, darfst du ruhig hinweisen.

Wogegen du ebenfalls aktiv Stellung beziehen solltest, das sind das übertriebene Standesbewusstsein der Jägerschaft und ihr übertriebenes, manchmal jedenfalls unangebrachtes Zusammengehörigkeitsgefühl gegenüber Außenstehenden, das auch die Aufklärung von Fehlverhalten verhindert. Denn wer – was vorkommt – geschützte Tiere wie Wolf, Bär und Luchs tötet, sollte von der restlichen Jägerschaft angeprangert und ausgeliefert werden. Bedingungslos. Wer hingegen schwarze Schafe schützt, schadet sich nur selbst.

Als angehender Jäger wirst du sehen, dass es – gerade in Bayern und Österreich – viel erhaltenswertes jagdliches Brauchtum gibt. Höre auf die Altvorderen, aber lass dir trotzdem keine Traditionen einreden. Denn nichts muss so sein, bloß weil es angeblich ›immer schon‹ so war.

→ www.jagdkurs.eu

Orientierung und nützliche Hintergrundinformation stellt der Ökologische Jagdverband Deutschland (ÖJV) zur Verfügung:
→ www.oejv.de

Wo und wie du in deiner Umgebung auch als Nicht-Jäger an frisches Wildfleisch aus der Gegend kommst, erfährst du bei den jeweiligen Landesjagdverbänden, zum Beispiel auf
→ www.wildbret.at

Such dir einen Bauern

Lass dich nicht einfach abspeisen, sondern
frag nach, wo dein Essen herkommt.
Am besten beim Bauern. Folge ihm auf
Twitter, besuche Hoffeste und Bauernläden.
Auch in der Großstadt kannst du dich auf
Wochenmärkten mit dem Produzenten
deiner Wahl austauschen.

Jeder Mensch sollte zumindest einen Bauern haben. Damit ist natürlich keine neue Form der Leibeigenschaft gemeint, sondern eine Vertrauens- und Gesprächsbasis zu – zumindest – einem Lebensmittelproduzenten. Ausreden, das *nicht* zu haben, gibt es keine, denn Bauern finden wir überall, auch am Rand der Großstädte: Rund um Hamburg blühen Apfelkulturen. In Wien wird sogar innerhalb der Stadtgrenzen Wein kultiviert. Und die Peripherie Berlins hat neben den berühmten Spreewaldgurken und Kohl unter anderem Fischteiche zu bieten. Abseits der Ballungsräume sind die Möglichkeiten ohnehin mannigfaltig.

In den allermeisten Fällen werden dich Bauer oder Bäuerin gerne empfangen und sich über deine Wertschätzung und das Interesse an ihrer Arbeit freuen. Natürlich werden sie weniger begeistert sein, wenn du zur Hochsaison und Haupterntezeit unangekündigt vor der Tür stehst. Doch Gelegenheiten für einen Erstkontakt gibt es zur Genüge: Die Öffnungszeiten von Hofläden sind ein guter erster Anhaltspunkt, wann Besuch willkommen ist und sich der Produzent Zeit für einen Plausch mit interessierter Kundschaft nehmen kann. Das Klischee vom weltabgewandten, leutfremden und leicht tölpelhaften Bauern ist ohnehin längst überholt. Gerade die jüngeren Generationen tummeln sich auch in den sozialen Netzwerken. Folge dem Bauern deiner Wahl (oder besser gleich mehreren) auf Twitter oder Instagram, werde Facebook-Fan, abonniere Newsletter und was da auch noch kommt in den nächsten Jahren.

Wer sich im Vorhinein anmeldet, wird wahrscheinlich auch gerne durch den Hof geführt. Ganz sicher sind Betriebsbesichtigungen bei Hoffesten möglich. In manchen Regionen laden die Bauernverbände zum konzertierten ›Tag der offenen Stalltür‹. Für die Bauern sind solche Veranstaltungen

1 kg Tomaten
konventionell

auch eine wichtige Einnahmequelle. Sie können dabei ihre Produkte direkt verkaufen, ohne Transportlogistik draufschlagen und Handelsspannen berücksichtigen zu müssen. Wer also eine lokale, vielfältige Landwirtschaft und damit auch eine gepflegte Kulturlandschaft unterstützen möchte, kauft bei Landpartien, Ausflügen und jeder anderen sich bietenden Gelegenheit beim Bauern. Billiger wird man schwer an die besten Produkte gelangen.

1 kg Bio-Tomaten

Zu bevorzugen sind natürlich ganz klar Bioprodukte. Warum?

Das lässt du dir am besten vom Biobauern selbst erklären! Frag ihn, wie er (oder sie) seine Äpfel vor Schädlingen schützt. Und wie es sein ›konventioneller‹ Kollege tut. Lass dir von einem Bio-Winzer erklären, wie er Boden und Humus hegt und pflegt. Und dann geh zum Vergleich durch einen mit Herbiziden und Pestiziden totgespritzten konventionellen Weingarten. Frage den Bio-Tomatenzüchter, warum ihm im Winter keine wässrig-geschmacklose Importware auf den Teller kommt. Konserviere selbst eine Hand voll Sonnengereiftes von seinen Feldern und mach Monate später den Vergleich zu dem, was die Supermärkte in der kalten Jahreszeit so parat haben. Du wirst sehen: Es erhöht nicht nur den Genuss, wenn du weißt, was du isst, verkochst oder dir auftischen lässt. Erst solche Einblicke verschaffen dir auch eine Ahnung von den komplexen, aber oft auch ganz einfachen Zusammenhängen der Landwirtschaft. Und erst dieses Wissen wird dich zu einem kritikfähigen, mündigen Konsumenten machen. Denn Agrikultur ist mehr als nur Ackerbau und Viehzucht. Sie vereint Politik, Umweltschutz, Landschaftspflege, Vielfalt und Genuss.

›Shake the hand that feeds you!‹, postuliert deshalb der amerikanische Food-Journalist Michael Pollan. *Schüttle die Hand, die dich füttert!* Ich meine sogar: Wir sollten weiter gehen. Der direkte Kontakt zu den Erzeugern ist wichtig, aber ein richtiges Gefühl und Gespür bekommen wir erst, wenn wir – zumindest hin und wieder – selbst Hand angelegt haben.

1 Paprika
konventionell

Als Erntehelfer und kurzzeitiger Saisonarbeiter. Biete deine Mithilfe beim Weinlesen oder beim Schneiden der Reben an. Leg dich zwei, drei Stunden auf den ›Gurkerlbomber‹ und pflücke, neben Erntehelfern aus Osteuropa liegend, Gurken, die später, in Essig oder Salzlake eingelegt, zu Delikatessgurken werden. Vergleiche Äpfel und Birnen – jene im Supermarkt,

1 Bio-Paprika

die einander gleichen und wie aus dem Bilderbuch aussehen, mit jenen zu klein geratenen, dafür wohlschmeckenden Kümmerlingen, die es nie in den konventionellen Lebensmittelhandel schaffen werden. Frag nach alten Sorten und auch nach solchen, die vielleicht schwer oder kaum zu lagern sind, die der Bauer aber trotzdem wachsen lässt – jedoch nur für den persönlichen Verzehr, weil sie frisch, als Kompott oder im Apfelstrudel geschmacklich nicht zu schlagen sind.

Erst solche Erlebnisse und das Überwinden der Entfremdung und der Anonymität vermitteln uns Zusammenhänge. Und die Erkenntnis, dass die Bedürfnisse der Bauern nicht zwingend mit jenen des Handels ident sind – und jene des Handels nicht zwangsläufig mit denen der Konsumenten.

Deine Prioritäten beim Essen werden sich vermutlich ändern. Was für unsere Ernährung ökologisch sinnvoll ist – ›Bio, fleischarm, saisonal, regional, in dieser Reihenfolge‹, so Thomas Lindenthal vom Forschungsinstitut für biologischen Landbau –, das wird dir naturgemäß den höchsten Genuss bescheren.

Frag den Kellner, was in der Küche verkocht wird

Gerade in der Gastronomie wird einem oft fragwürdige Kost serviert. Zeig, dass dir nicht egal ist, was auf den Tisch kommt, und frag gezielt nach, woher die Lebensmittel und Zutaten stammen.

Machen wir uns nichts vor: In der überwiegenden Mehrheit der Gastronomiebetriebe – in Gaststätten, Cafés, am Würstel- und Kebabstand, beim Asia-Noodles-to-go-Grill, an Autobahn-Raststätten und auch in Hotels – wird einem Mist aufgetischt. Ja, Mist! Und ich meine hier ganz klar *nicht* ausschließlich die billigen Spelunken, Imbissläden, Tankstellen-›Bistros‹ und Bahnhofskaschemmen. Dort würde das ja niemanden überraschen. Wir reden auch vom gemeinen Gasthaus, in das sich Oma zum Geburtstag ausführen lässt, und vom Wirten am Eck, der einen Stammtisch für einen reserviert hält und der in der näheren Umgebung vielleicht sogar für sein ›tolles Schnitzel‹ gerühmt wird.

Wenn ich als kritischer Konsument, der sich nicht nur für Landwirtschaft, sondern auch für Handel und Wirtschaft interessiert, eines gelernt habe, dann das: Wenn du nicht bereit bist, extra dafür zu bezahlen, dass du etwas Gutes (Bio, Fairtrade etc.) auf den Teller bekommst, dann kriegst du landläufig den billigsten und größtmöglichen Dreck aufgetischt. Ausnahmen mag es geben. Aber das sind eben Ausnahmen und keinesfalls die Regel.

Noch einmal: Wir reden hier *nicht* vom Offensichtlichen. Denn dass ein paniertes und gebackenes Huhn für sechs Euro nichts anderes sein kann als Industriemüll, ist offensichtlich. Auch deklarierte ›Riesen-Portionen‹ machen einen zu Recht stutzig. Was sich über Kampfpreise oder Quantität definiert, geht in der Gastronomie nie mit Qualität zusammen. Das Problem ist vielmehr, dass auch die ›gutbürgerliche Küche‹, das Landgasthaus am Urlaubsort, die Uni-Mensa oder der Szeneladen, der mittags ›Business Lunch‹ anbietet, weitgehend verrottet sind.

Generell gilt: Wer nicht ausweist, was im Lokal verkocht wird, der hat in aller Regel etwas zu verbergen. Zugekauften Kartoffelsalat aus dem 30-Liter-Trog zum Beispiel. Oder Kaiserschmarren, der direkt aus der Verpackung in die Pfanne gedrückt wird; künstlich in Form gebrachtes Ei als meterlange Stangenware, das sich praktisch portionieren lässt, aber sehr wahrscheinlich aus der Legebatterie stammt; Tiefkühl-Chickenwings aus malaysischem Billig-Geflügel; oder aus Fernost importiertes Schweinefleisch, das in der Küche zum ›traditionellen Schweinebraten‹ wird. Zutaten, die man als mündiger Esser nie und nimmer bewusst kaufen würde – in der Gastronomie werden sie einem täglich untergejubelt.

Deshalb der dringende Appell: Erkundige dich! Frag nach! Und lass dich nicht mit einem ›Keine Ahnung!‹ abspeisen. Der Kellner soll ruhig in die Küche gehen und den Koch fragen. Und wenn die Servierkraft im Hotel keine Ahnung hat, ob das Frühstücks-Rührei ›bio‹ ist, aus Freiland- oder Bodenhaltung stammt, dann lass dir die Eier – und wenn es sein muss auch die Schalen – bringen. Das Personal weiß oft erschreckend wenig Bescheid, gerade wenn es Saisonarbeitskräfte sind. Erklär der Servierkraft, dass jedes innerhalb der Europäischen Union gehandelte Ei mit einem Zahlencode bedruckt ist.* Dass die erste Ziffer ›0‹ Bio-Eier ausweist, dass

1 Ei konventionell

* Die Schweiz hat größtenteils das EU-System übernommen.

›1‹ für Freilandhaltung steht und ›2‹ Bodenhaltung bedeutet. Wenn ein Lokal stolz ›Eier aus Bodenhaltung‹ ausweist, dann tut es das meist als bewusste Irreführung der Konsumenten, die nicht wissen, dass Käfighaltung in Legebatterien innerhalb der Europäischen Union bereits seit 2012 (in Deutschland sogar schon seit 2010) verboten ist. Auch wenn die ›Käfighaltung in Kleingruppen‹ (Ziffer 3) noch erlaubt ist: Viele Konsumenten glauben, mit dem Kauf von Eiern ›aus Bodenhaltung‹ etwas Gutes zu tun. De facto steht diese Kennzeichnung aber für die aus Sicht des Tierwohls denkbar schlechteste noch nicht verbotene Haltungsform.

1 Bio-Ei

Gastro-Grausigkeiten wie diese gibt es zur Genüge. Sie alle anzuführen, würde ein ganzes Buch füllen. Als kritischer Konsument nachzufragen, ist aber auf jeden Fall ein guter Anfang. Und das bisschen Sendungsbewusstsein wird einem – sofern unaufdringlich zur Anwendung gebracht – nur ein Ignorant übel nehmen.

Ich habe beruflich öfters Termine, bei denen ich mich mit Leuten zum Frühstück treffe. Gerne lasse ich bei der Wahl der Lokalität mein Gegenüber Vorschläge machen und mich überraschen. An Ort und Stelle frage ich bei Eiern, Wurst oder Käse immer nach, ob diese aus biologischem Anbau stammen. Wenn sie das nicht tun, dann verzichte ich gerne auf tierische Produkte. Warum ich so handle, habe ich schon unzähligen Gesprächspartnern erklärt – übrigens niemals offensiv, sondern durchwegs deshalb, weil diese es wissen wollten.

Auch eine andere Überraschung wirst du beim Nachfragen womöglich erleben: Gerade unter den wirklich guten Lokalen gibt es eine Reihe von Betrieben, die weit mehr Bio-Zutaten verkochen, als sie auf der Karte explizit ausweisen. Vor allem unter den gehobenen Gasthäusern, die auf regionale Produkte Wert legen und in der Karte auch die Produ-zenten anführen, gibt es mitunter sogar welche, die weitge-hend Bio-Ware verarbeiten. Dass sie diese trotzdem nicht als solche ausweisen, hat wohl damit zu tun, dass in der Gast-ronomie generell viel schwarz (also: an der Steuer vorbei) gewirtschaftet wird. Und dass Bio-Restaurants dermaßen genaue Kontrollen über sich ergehen lassen müssen, dass da ›schwarz‹ kaum mehr etwas möglich ist. Ein deklarierter Bio-Gastwirt verdient also unterm Strich zumeist deutlich schlechter als einer, der zwar vielleicht aus Überzeugung und Qualitätsbewusstsein Zutaten biologischen Ursprungs verarbeitet, sich aber ganz bewusst *nicht* bei jedem Handgriff auf die Finger schauen lässt.

Zyniker mögen solch ehrliche Zeitgenossen zwar für bescheuert halten. Für mich gilt das genaue Gegenteil: Betreiber von zu 100 Prozent bio-zertifizierten Lokalen gehö-ren gerade auch wegen solcher Widrigkeiten bevorzugt und unterstützt.

Kaninchen und Ratz: als Haustier besser als Hund und Katz

Die Haltung von Hund und Katz ist heute ›nutzloser‹ Luxus. Anders als früher ist der Wert der Fleischfresser vor allem emotionaler Natur. Überlege vor der Anschaffung eines Hundes, ob dir nicht Hühner ebenso Freude bereiten würden. Eine Katze wäre dem Deutschen Schäferhund jedenfalls vorzuziehen. Eine zahme Ratte aber ebenso.

Aus ökologischer Sicht bedeutet die Haltung von Hund und Katz schlichtweg: Ressourcenverschwendung. Das war nicht immer so. Denn als Jagd- und Hof-, Herden- und Hütehund war es einst die ureigenste Aufgabe und Existenzberechtigung eines jeden Gebrauchshundes, das Hab und Gut seines Herren zu bewachen, dessen Herden vor Räubern zu beschützen und ihn beim Auskundschaften, Erlegen und Auffinden von Beute zu unterstützen. Fast jede heute bekannte Hunderasse hatte ursprünglich eine solche Funktion. Ihr Wesen, ihre Kraft, Ausdauer und die äußere Erscheinung – alles war einem bestimmten Zweck untergeordnet, auf den die Zucht der Tiere ausgerichtet war. Das gilt für den Pudel – ursprünglich ein besonders kluger, auf den Einsatz im Wasser spezialisierter Jagdgefährte – ebenso wie für den Deutschen oder den Belgischen Schäferhund sowie den Husky, der als immer noch eigenwilliger Zeitgenosse mit besonders dickem Fell heute in unseren Breiten aber kaum einmal vor den Schlitten gespannt wird. Der Dackel wiederum verdankt seinen langen Corpus, die kurzen Beine und seinen festen Biss eigentlich seiner Spezialisierung und Zucht für die Jagd in unterirdischen Dachs- und Fuchsbauten.

Auch Katzen hatten als Mitbewohner des Menschen einst einen klaren Nutzen: Als Jäger von Mäusen, Ratten und anderen schädlichen Kulturfolgern war es ihre Aufgabe, die Vorräte in Speicher, Silo oder Scheune vor diesen Kleintieren zu schützen. Wir kennen das Bild womöglich noch aus Kindertagen vom Bauernhof: Als Zeichen der Wertschätzung und eines wohlwollenden Miteinanders stellen Bauer und Bäuerin den versammelten Katzen eine Schale frisch gemolkener Milch auf den Stallboden. Diese kleine Menge kann man am Hof leicht entbehren. Darüber hinaus wäre es den Bauersleuten aber nie in den Sinn gekommen, den Katzen Futter zu verabreichen – oder gar extra welches zu kaufen. Sich dieses selbst zu fangen: Genau dafür waren Katzen nicht nur geduldet, sondern gern gesehen. Dass diese Rechnung unterm Strich aufgehen musste, versteht sich von selbst: Eine solche Hofkatze bringt mehr, als sie kostet und frisst.

Von den heutigen Haus- und Wohnungskatzen lässt sich das freilich nicht mehr sagen. Von den meisten Hunden ebenso wenig. Abgesehen vom Polizei-, Rettungs- oder Blindenhund liegt der gemeine Haushund seinem Frauchen und Herrchen heute auf der Tasche. Nur mehr ein kleiner Anteil aller in Mitteleuropa gemeldeten Hunde sind Gebrauchshunde. Den großen Rest machen Schoßhündchen, Familienhunde und Kuschelköter aus. Ihr Wert ist vor allem emotionaler Natur. Dem stehen 25 Kilogramm Trockenfutter oder 91 Kilogramm Dosenfutter gegenüber, die ein kleiner Spitz, ein Chihuahua oder ein anderer kleiner Hund pro Jahr frisst. Das ist in etwa dieselbe Menge, die auch eine Katze braucht. Eine Dogge hingegen verschlingt ein Kilo Trockenfutter oder zwei Kilogramm Futter aus der Dose – pro Tag! Das ist purer Luxus. Ginge es also einzig darum, Ressourcen zu sparen, müsste der Ratschlag lauten: Setzt eure Katzen vor die Tür und kastriert eure Köter! Das will natürlich niemand. Über die Problematik nachzudenken, lohnt sich aber allemal.

Etwa bei der Anschaffung eines Haustieres – ob es wirklich ein Hund oder eine Katze sein muss. Oder ob es nicht vielleicht ein Kaninchen oder eine zahme Ratte auch tut. Zumal ein Kanin als Pflanzenfresser deutlich billiger kommt als ein Fleischtiger, und sich eine Ratte als anpassungsfähiger Allesfresser sogar problemlos vegan ernähren lässt. Das deutsche *Greenpeace Magazin* empfiehlt seiner Leserschaft, anstatt eines Vierbeiners die Anschaffung von Hühnern zu erwägen: ›Die legen leckere Eier, vertilgen Essensreste, und auch sie beglücken Kinder.‹ Während etwa ein Cockerspaniel durch seinen Fleischverbrauch für den Ausstoß derselben Menge Treibhausgase verantwortlich – und damit ebenso ›schädlich‹ – sei wie zwei Geländewagen. ›Sollten Sie keinen Platz für einen Hühnerstall haben‹, rät Greenpeace, könne man ja ›eine Schule oder einen Kindergarten fürs Federvieh erwärmen‹.

Trotz solcher nützlichen Aspekte ist der Kuschelfaktor von Henne und Hahn freilich überschaubar. Hund und Katze führen nicht zufällig die Listen der beliebtesten Haustiere an: 12,3 Millionen Katzen gibt es allein in Deutschland, und immerhin 7,4 Millionen Hunde. Nur zum Vergleich: Als Nutztiere mästen die Deutschen 27,4 Millionen Schweine und halten 12,7 Millionen Rinder.

So wie es sinnvoll ist, ob des massiven Ressourcenverbrauchs der Nutztierhaltung möglichst wenig Fleisch zu essen, gilt daher auch bei Hunden: je kleiner, desto besser. Wenn du noch unentschlossen bist, ob du dir Hund oder Katze zulegen sollst, dann wäge nicht nur deine persönlichen Vorlieben und dein Freizeitverhalten ab, sondern denk auch an die Futterkosten für deinen künftigen Liebling. Christine Iben vom Institut für Tierernährung und funktionelle Pflanzenstoffe der Veterinärmedizinischen Universität

Wien stellt – rein auf den Ressourcenverbrauch bezogen – folgende Reihung auf: *Besser ein kleiner Hund als eine Katze. Besser eine Katze als ein mittelgroßer oder großer Hund.* Ihre Erklärung: ›Ein kleiner Hund ist deshalb sparsamer als eine Katze, weil diese hochwertigeres Futter braucht und bei Wohnungskatzen auch das Streu ins Gewicht fällt. Freigängerkatzen wiederum richten Schaden in der Vogelwelt, bei Libellen und Heuschrecken an.‹ Natürlich: Rein technisch kann man Hund und Katze durch die Verabreichung von Zusatzstoffen und Nahrungsergänzungsmitteln inzwischen auch vegetarisch oder sogar vegan ernähren. ›Artgerecht ist das aber nicht‹, meint Tierärztin Iben. ›Wenn ich an der Uni eine Versuchskatze zu Forschungszwecken vegan ernähren möchte, muss ich dafür aus gutem Grund eine Tierversuchsgenehmigung einholen.‹

Wie bei der eigenen Ernährung rät Iben auch bei Haustieren, vermehrt die etwas teureren Bio-Produkte zu kaufen. Oder: im Idealfall das Futter selbst zuzubereiten. Beim Fleischhauer lassen sich leicht Innereien und Schlachtabfälle bestellen. Bei den Millionen Schlachtrindern und -schweinen fällt einiges ab. Zusätzlich braucht man nur Gemüse, Kohlenhydrate und im Handel erhältliche Nahrungsergänzungsmittel. Wie bei der eigenen Ernährung wirst du als bewusster Konsument auch beim Füttern deiner Tiere früher oder später zu dem Schluss kommen, dass das Marktübliche meist nicht vertretbar ist. ›Wer genau wissen will, was im Futter seiner Tiere drinnen ist, muss es selber kochen‹, meint auch Parvin Razavi. Die Food-Bloggerin kocht einmal pro Woche auch für ihre beiden Katzen auf Vorrat, denn: ›Katzen- und Hundefutter ist stark überwürzt. Neben Fleischneben- und Fleischabfallprodukten sind Geschmacksverstärker, Konservierungsstoffe und leider auch ganz viel Zucker darin enthalten.‹ Welch aromatisierter Mist mitunter als Trocken- und Dosenfutter verkauft wird und wie die globalisierte Tierfutterindustrie funktioniert, hat auch der Ernährungsjournalist Hans-Ulrich Grimm umfassend beschrieben. Der Titel seines ›Schwarzbuchs Tierfutter‹ ist eindeutig: ›Katzen würden Mäuse kaufen‹.

Übersetzt in deinen Alltag bedeutet das: Spätestens, wenn sie vom Zucker entwöhnt sind, freuen sich Hund und Katz über von dir selbst Zubereitetes.

→ www.pure-naturfutter.at

BUCHTIPP

Hans-Ulrich Grimm hat sich in ›Katzen würden Mäuse kaufen. Schwarzbuch Tierfutter‹ (Heyne) ausführlich mit der Tierfutterindustrie befasst.

Zum Selbermachen:

ein Katzenfutter-Rezept von Food-Bloggerin Parvin Razavi

Du brauchst: 1 kg Hühner-Innereien (⅓ Magen und Leber, ⅓ Herz und ⅓ Hühnerfleisch mit Haut) und ca. 250 g klein geschnittenes Gemüse.

1. Das Fleisch vom Fett säubern und gut waschen.
2. Anschließend mit Gemüse (Karotte, Broccoli, Petersilie) und 30 g Reis in einen Topf geben und mit Flüssigkeit leicht bedecken.
3. Aufkochen und so lange weiterkochen, bis der Reis gar ist. Die Hälfte der Mischung herausnehmen und mit dem Messer zerkleinern. (Die Katzen sollen ja auch noch ordentlich was zu beißen haben.) Die andere Hälfte wird mit dem Stabmixer püriert.
4. Danach alles gut miteinander vermengen und in Gläser füllen.
Dies ergibt etwa 1,3 kg Futter – bei zwei ausgewachsenen Katzen kommst du damit ungefähr eine Woche aus.
Alternativ kannst du statt Geflügel auch zwei Teile Kochfleisch vom Rind und einen Teil Lammfleisch sowie einen Teil Rinderherz verarbeiten. Dazu wie oben angeführt Gemüse und etwas Kräuter geben. Das Fleisch sollte eine gute Stunde lang kochen.

Parvin Razavi bloggt auf
→ thx4cooking.blogspot.co.at

Werde Bauer auf Zeit, zumindest im Urlaub

Wer im Urlaub am Bauernhof mit anpackt, bekommt dort mitunter freie Kost und Logis – und manchmal sogar Taschengeld. Beim ›Wwoofen‹ erkundet man nicht nur neue Welten, sondern bringt auch die Welt auf die Farm.

Urlaub am Bauernhof kann jeder machen. Und es spricht auch überhaupt nichts dagegen, sich einfach für ein paar Tage beim Bauern einzuquartieren und dafür zu bezahlen – ganz klassisch als Tourist. So eine Art von Urlaub ist persönlicher, mitunter komfortabler und oft auch erholsamer als ein Aufenthalt in vornehmen Etablissements. Wo Hotelpersonal mit Diskretion punktet und im besten Fall darum bemüht ist, möglichst wenig aufzufallen, bieten bäuerliche Beherbergungsbetriebe Naturnähe, Einblicke in den Alltag am Bauernhof und oft auch Familienanschluss auf Zeit. Gerade für Stadtkinder ist der Kontakt mit den Tieren etwas Besonderes. Aber auch so mancher Erwachsene hat erst im Urlaub am Bauernhof erfahren, dass die Landwirtschaft in unseren Breiten mittlerweile oft im Nebenerwerb betrieben wird. Gerade in kleinen Familienbetrieben geht einer der Partner häufig einem anderen Brotjob nach, während die täglich anfallende Hofarbeit vom anderen Partner erledigt wird. Auch der ganz klassische Urlaub am Bauernhof wird also schnell zur aufschlussreichen Studienreise und ist gerade Menschen mit kleinen Kindern zu empfehlen.

Die vermutlich sanfteste und letztlich lehrreichste Form dieses Tourismus ist aber das sogenannte ›Wwoofen‹. Der Begriff mag holpern, die Idee ist aber bestechend:

WWOOF ist die Abkürzung für ›Willing Workers on Organic Farms‹, bedeutet übersetzt also in etwa ›Freiwillige Hilfskräfte am Biobauernhof‹. Manch einer interpretiert die Buchstabenfolge auch als ›World-Wide Opportunities on Organic Farms‹, was den Kern der Sache – *weltweite Möglichkeiten auf Biobauernhöfen* – auch ganz gut trifft. An die 6000 Biobetriebe stehen aufgeschlossenen Abenteurern in etwa 100 Ländern bei Voranmeldung offen. Ein Hofaufenthalt im Inland für ein verlängertes Wochenende ist ebenso möglich wie ein mehrwöchiger Aufenthalt in der Ferne.

184

1 Hotelübernachtung inkl. Restaurantbesuch

Wer genügend Muße hat und motiviert ist, seine Reise selbst zu organisieren, wird es als ›Wwoofer‹ womöglich weit bringen. Es ist durchaus machbar, sich gewissermaßen als Wanderarbeiter von Hof zu Hof, von Land zu Land und schließlich auch über Kontinente hinweg rund um den Globus zu bewegen. Mit etwas Organisationstalent schafft man auf diese Weise sogar eine Weltreise, die weitgehend ohne Flugmeilen auskommt. Wichtig ist allerdings vorab die genaue Recherche und eine frühe Kontaktaufnahme mit den entsprechenden Höfen, um die eigenen Vorstellungen offen und ohne Umschweife mit jenen der Bauernfamilien vor Ort abzugleichen. Die als gemeinnützige Vereine organisierten WWOOF-Landesverbände in Deutschland, Österreich und der Schweiz unterstützen einen dabei gerne (auch was die notwendigen Versicherungen betrifft). Schließlich geht es darum, herauszufinden, wann etwa in Neuseeland Bedarf an Erntehelfern beim Weinlesen besteht, wann in Kanada das Heu für den Winter eingebracht oder in Polen der Tabak geschnitten wird. Und einen weiteren wichtigen Hinweis hat der Verein WWOOF Deutschland für alle angehenden ›Wwoofer‹ im Ausland parat: ›Bei der Einreise oder Visumsanfrage niemals von oder über *Arbeit* reden bzw.

schreiben! Sonst landest du auf einer »schwarzen Liste« und bekommst eventuell für immer Einreiseverbot! Also: Als Reisegrund nur *Urlaub* erwähnen.‹

Ich gestehe: Selbst war ich noch nie als Knecht auf Zeit unterwegs. Aber ich besuche gerne und regelmäßig Bauernhöfe, und bei einem dieser Besuche habe ich vor ein paar Jahren das WWOOF-Prinzip kennengelernt – auf dem Vorarlberger Vetterhof, der mich auch mein Bild von der Bauernschaft als eher abgekapselt lebendem, leicht rückständigem und tendenziell rückwärtsgewandtem Berufsstand verwerfen ließ. Wer rechnet schon damit, bei einer Hofführung unter den Arbeitern, die Pak Choi und Lauch für die nachmittags an Abonnenten auszuliefernden Gemüsekisten putzen, auf Globetrotter und Uni-Absolventen aus gleich drei Ländern zu treffen? ›Bei uns haben schon Leute aus Ungarn, Frankreich, Spanien, Portugal, Griechenland, Brasilien, Marokko und Namibia für einige Zeit am Hof und auf den Feldern gearbeitet‹, erzählt mir Bäuerin Annemarie Vetter auf Nachfrage. Spannend seien auch die Hintergründe der Gäste: Das Spektrum reiche vom Bilderbuch-Hippie über den Jus-Studenten bis hin zum französischen Berufssoldaten, der einfach mal etwas Sinnvolles machen wollte.

1 Übernachtung im Wohnmobil auf einem Campingplatz in Europa

Während die ›Wwoofer‹ – größtenteils Städter – für ein paar Tage oder Wochen das naturverbundene Leben und Landwirtschaft, Selbstversorgung und kulturelle Eigenarten der Gegend kennenlernen, kommt es auch umgekehrt zu einem Kulturaustausch: ›Diese Gäste bereichern unser Leben sehr‹, gesteht die Hofherrin. ›In der Landwirtschaft ist es nicht leicht, einfach für ein paar Wochen in fremden Ländern Urlaub zu machen, und da haben wir uns gedacht, wir drehen den Spieß um – wir holen Leute aus aller Welt zu uns. Sie bringen neue Ideen auf den Hof, und gerade unsere

Kinder haben viele Freundschaften geknüpft und aus erster Hand viel über andere Kulturen erfahren.‹

Dass es beim ›Wwoofen‹ auch andernorts nicht viel anders zugeht, bestätigen Bauern ebenso wie freiwillige Helfer und solche, die über ihren Aufenthalt gebloggt haben, gleichermaßen. Den engstirnigen Bauern mag es also vielleicht noch in deinen Vorurteilen geben. Auf WWOOF-Höfen werden wir ihn sicher nicht finden.

TIPPS

Für Anfänger, die – etwa weil sie kleine Kinder haben oder doch bequem sind – für den Urlaub am Biobauernhof bezahlen wollen:
→ www.bioferien.at

Für Fortgeschrittene:
→ www.wwoof.de
→ www.wwoof.at
→ www.wwoof.net
→ www.wwoofinternational.org
→ www.wwoofindependents.org

Wichtig ist es, sich rechtzeitig um Visum, Anreise, Abholung (viele Höfe sind abseits der gut angebundenen Ballungszentren gelegen), Verpflegung, Unterkunft (Schlafsack oder Bett?) und notwendige Impfungen (z. B. gegen Zecken) zu kümmern und mit den WWOOF-Gastgebern das Arbeitspensum und freie Zeiten zu besprechen.

Arbeite im Urlaub
(und bezahl dafür)

Weil nichts langweiliger ist, als im Urlaub
auf der faulen Haut zu liegen: Widme dich
in deiner freien Zeit einer guten Sache. Du
kannst sicher sein: Freiwilligenarbeit macht
zufriedener als jede All-inclusive-Fernreise.

Vorab gleich eine Warnung: Egal ob ›Mitmachreisen‹ angepriesen werden oder polyglott vom ›Voluntourism‹ die Rede ist – Reisen, die wohltätige Freiwilligenarbeit beinhalten (*volunteer vacations*), sind eine wachsende Nische am Touristik-Markt geworden. Es gibt daher leider auch schon genügend Geschäftemacher, die versuchen, sich am Engagement Gutgläubiger zu bereichern. Nichts gegen Profis, die organisieren, abwickeln, am Ort des Geschehens als Guides oder wissenschaftliche Mitarbeiter fungieren. Doch nicht jede als Tier- und Naturschutzprojekt ausgewiesene Aktivität ist auch sinnvoll. Und manches richtet sogar Schaden an, weil es nicht auf die Komplexität von Ökosystemen Rücksicht nimmt, sondern bloß darauf aus ist, den Reisenden Erlebnisse mit exotischen Tieren und Motive für spektakuläre Fotos zu liefern. Gib deshalb acht, dass dein – legitimer – Erlebnishunger nicht mehr schadet, als er nützlich ist!

Um einschätzen zu können, welche Mitmachreisen empfehlenswert sind, bedarf es genauer Recherche. Seriöse Anbieter suchen ihre Teilnehmer sorgfältig aus – und weisen potenziell Zahlende auch einmal zurück. Etwa weil diese konditionell nicht in der Lage sind, körperlich anstrengende Fußmärsche in unwegsamen Landstrichen zurückzulegen.

500 km
Kurzstreckenflug

Oder weil sie einfach nicht zum Rest der Truppe passen. Wer im kirgisischen Tian-Shan-Gebirge zeltet und dort im Hinterland unterwegs ist, um unter fachkundiger Anleitung das Verhalten der Beutetiere des seltenen Schneeleoparden zu erforschen, oder wer auf den Azoren Wale und Delfine fotografiert, um sie in einer globalen Datenbank für Meeressäugetiere zu erfassen, der sollte fit genug für diese Aufgaben sein und einigermaßen ins Team passen. Lass dich also nicht davon abschrecken, wenn du, noch bevor du einen Trip buchen kannst, Fragebögen beantworten und ein internes Auswahlverfahren abwarten musst. Das sind keine unnötigen Schikanen, sondern im Gegenteil Vorsichtsmaßnahmen, die *für* deinen Reiseveranstalter sprechen.

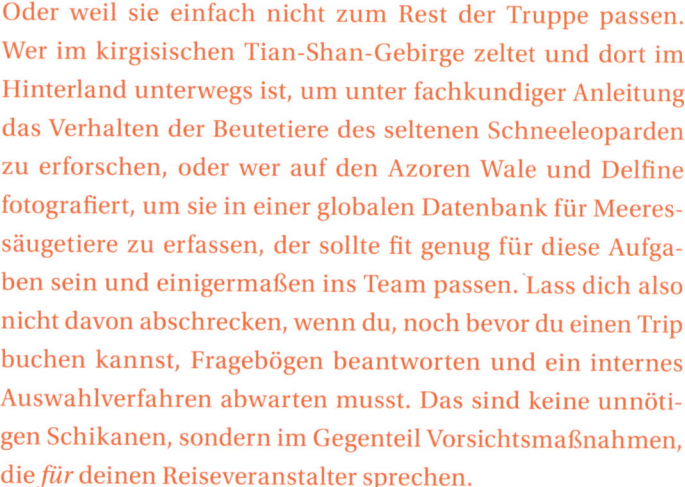

3000 km Flugreise

Ich selbst habe gute Erfahrungen mit ›Biosphere Expeditions‹ gemacht, einem gemeinnützigen Anbieter von Forschungsreisen mit Sitzen in Hamburg und London. Deren Gründer Matthias Hammer ist studierter Biologe. Er wollte ursprünglich selbst forschen wie einst Humboldt und Grzimek, organisiert heute aber gemeinnützige Artenschutzexpeditionen, für die er Laien gemeinsam mit Wissenschaftlern ins Feld schickt. Dadurch, dass an Fauna und Flora Interessierte für ihre Teilnahme bezahlen, ermöglichen Hammers ›Biosphere Expeditions‹ wissenschaftliche Arbeit in jenen Weltgegenden, in denen für Forschung und Umweltschutz üblicherweise Geld und Arbeitsplätze fehlen. Für dieses Engagement, vor allem aber für die dadurch ermöglichten Erlebnisse wurde ›Biosphere Expeditions‹ bereits vielfach ausgezeichnet und ist Partner des Magazins *National Geographic.* Die Schneeleoparden-Expedition im Altai-Gebirge etwa wurde von der *Sunday Times* als ›most satisfying trip of the year‹ angepriesen.

Selbst wenn dich manche Zeitgenossen für verrückt erklären werden, wenn du dafür bezahlst, in deiner Freizeit arbeiten zu dürfen – sinnvoller und zufriedenstellender als eine solche Auszeit an der Seite von Wissenschaftlern kannst du einen Urlaub kaum verbringen. Besonderes Vorwissen ist dabei nicht erforderlich; Interesse und passable Englischkenntnisse reichen aus. Gerade beim Sammeln von Daten, Spuren und Proben genügt eine eintägige Einschulung vom Expeditionsleiter, und du bist fit für die freie Wildbahn. Die Arbeit mag mitunter anstrengend sein und an den Kräften zehren – ich selbst war etwa zwei Mal im tiefsten Winter in der Hohen Tatra auf den Spuren von Wolf, Luchs und Bär unterwegs und habe slowakische Forscher dabei unterstützt, die Population der Raubtiere zu bestimmen. Auf einer der beiden Expeditionen lag der Schnee im Wald eineinhalb Meter hoch.

7000 km
Langstreckenflug

Doch mir ist noch keine bessere Art untergekommen, um von meinem Alltag am Schreibtisch und in Besprechungsräumen zu entspannen und abzuschalten. Dass die Unterkunft bei Forschungsprojekten eher keine Fünf-Sterne-Absteige ist, versteht sich ohnedies von selbst. Denn – zum Schluss noch eine weitere Warnung – eine Mitmachreise ist kein Wellness-Urlaub.

→ www.biosphere-expeditions.org

Gönn dir ein Jahr Auszeit (und praktische Einblicke)

Besser als ein Praktikum: Ein Freiwilliges Ökologisches Jahr gibt dir Einblicke in die Arbeit von Umwelt- und Naturschutzorganisationen. Du bist dabei sozialversichert, kannst dich mit Gleichgesinnten vernetzen, weiterhin Kindergeld bzw. Familienbeihilfe beziehen und bekommst ein Taschengeld – sowie eine Ahnung davon, ob du in einem ›Green Job‹ richtig aufgehoben bist.

Viel zu wenige junge Menschen wissen, dass sie die Möglichkeit hätten, ein Freiwilliges Ökologisches Jahr (FÖJ) oder Freiwilliges Umweltjahr (FUJ) zu absolvieren. Das FÖJ bietet jungen Deutschen die Chance, sich im Umwelt- und Nachhaltigkeitsbereich zu engagieren; das FUJ ist sein Pendant für junge Österreicher. Das Prinzip ist da wie dort dasselbe: Jugendliche und junge Erwachsene können bis zu einem Jahr lang bei einer anerkannten Trägerorganisation anheuern und dadurch praktische Einblicke in deren Arbeit gewinnen. Wer weiß schon nach der Schule, dem Studium oder vielleicht auch, bevor er eine einschlägige Ausbildung beginnt, was einen in Natur- und Umweltschutzorganisationen genau erwartet; was ihre Betätigungsfelder sind und wie sie konkret agieren? Eben.

Als ›fixer Freiwilliger‹ kannst du bei der Vogelschutzorganisation ›BirdLife‹ ebenso andocken wie bei Greenpeace, den Interessenvertretungen der Biobäuerinnen und Biobauern, bei Landwirtschaftskammern, Nationalparks und vielen anderen anerkannten Einrichtungen. Die Gesetzgebung, die diese Form der Freiwilligenarbeit sowohl in Deutschland als auch in Österreich regelt, wertet diese individuelle Öko-Phase als wichtig für die Berufs- und Lebensorientierung. Die Wertschätzung – und damit einhergehend auch die finanzielle Unterstützung der Trägerorganisationen – ist aktuell freilich in Deutschland größer als in Österreich.

Auswirkungen hat dieser unterschiedliche Stellenwert mutmaßlich nicht nur auf die Vita vieler jungen Menschen, sondern zunächst einmal quantitativ: In der Bundesrepublik Deutschland absolvieren jährlich 4000 junge Menschen ein Freiwilliges Ökologisches Jahr, das dort zudem als Warte-semester angerechnet wird. Dem stehen in Österreich derzeit überschaubare 40 zugelassene Plätze gegenüber. Und das bei steigender Nachfrage – nicht erst, seit sich junge Männer das Freiwillige Umweltjahr ebenso wie in Deutschland als Ersatz für den Zivildienst anrechnen lassen können. ›Von zuletzt 100 Bewerbern können wir leider nur 40 Personen nehmen‹, bedauert Claudia Kinzl, Geschäftsführerin der Jugend-Umwelt-Plattform JUMP. Anders als beim seit Jahrzehnten etablierten Freiwilligen Sozialen Jahr, im Rahmen dessen man sich sozial engagieren und Einblicke in Berufsfelder im Sozialbereich gewinnen kann, können die Umweltvereine meist nur jeweils einen Freiwilligen aufnehmen. In einem Pflegeheim hingegen sind beispielsweise zehn bis zwölf Frei-willige zu bewältigen.

Auch wenn also deine Chancen, bei einer Bewer-bung für ein Freiwilliges Umweltjahr in Österreich tatsäch-lich eine Stelle zu bekommen, deutlich geringer sind als bei einem Freiwilligen Ökologischen Jahr in Deutschland: Lass dich davon nicht abschrecken! Die Vorteile eines FUJ oder FÖJ gegenüber vielen Praktika liegen auf der Hand: Als offi-ziell anerkannter freiwilliger ›Öko‹ bist du versichert und darfst zudem Familienbeihilfe bzw. Kindergeld beziehen. In Österreich sammelst du während dieser Zeit außerdem acht ECTS-Punkte im transeuropäischen Notenpunkte-system, die du dir für ein Studium anrechnen lassen kannst.

Ältere Semester und Berufsumsteiger können diese Zeit einer Bildungskarenz zurechnen.

Abgesehen von interessanten Einblicken und sinnvollem Engagement spricht vor allem die Möglichkeit zur Vernetzung mit Gleichgesinnten für eine freiwillige ›Öko-Auszeit‹. Auch hier herrscht in Österreich noch Aufholbedarf. In Deutschland allerdings ist der FÖJ-Freiwilligendienst bereits bestens organisiert. Bei regelmäßigen Treffen, gemeinsamen Seminaren, Camps und Workshops kannst du Gleichgesinnte, Forschende und Öko-Pioniere kennenlernen und womöglich auch künftigen Arbeitgebern positiv auffallen. Angesichts dessen, wie schwer der Berufseinstieg selbst gut ausgebildeten Hochschulabsolventen oft fällt, solltest du dir diese Möglichkeit zum Experimentieren, Kennenlernen und Kennengelernt-Werden nicht entgehen lassen.

→ www.foej.de
→ www.jugendumwelt.at
→ www.freiwilliges-soziales-jahr.at

Öffne deinen Bücher-schrank

Stelle Bücher, die du selbst nicht mehr zur Hand nimmst, deiner Nachbarschaft zur Verfügung. In einem ›öffentlichen Bücherschrank‹ wirst du auch Lektüre für deinen eigenen Geschmack finden. Und ganz nebenbei wirkst du durch diesen Tausch der Kommerzialisierung des öffentlichen Raums entgegen.

So eine Bücherwand in der eigenen Wohnung kann im Laufe eines Lebens ganz schön beachtliche Dimensionen annehmen. Selbst wenn du alle paar Jahre ausmistest oder dich bei jedem Umzug von ein paar der bereits gelesenen Bücher trennst – weniger werden sie auf lange Sicht eher nicht. Ich spreche aus eigener Erfahrung. Wobei auch du dir wahrscheinlich bei dem einen oder anderen Band sicher bist, dass du ihn nie mehr zur Hand nehmen wirst: zur Zeit ihres Erscheinens überschätzte Romane ebenso wenig wie so manchen Leselistenklassiker aus der Schulzeit. Die Lektüre von George Orwells *1984* wird dich zwar vielleicht wieder einmal reizen, oder du kannst das Buch – genauso wie die Harry-Potter-Bände – an deine Kinder weiterreichen. Aber Charlotte Roches *Feuchtgebiete*, *Axolotl Roadkill* von Helene Hegemann oder Umberto Ecos *Wie man eine wissenschaftliche Abschlussarbeit schreibt* sind – meiner Meinung nach – nichts für die Ewigkeit, zumindest nicht im eigenen Regal. Bücher wegschmeißen geht jedoch gar nicht. Was also tun damit?

Nun, am besten stellst du sie deiner Nachbarschaft zur Verfügung. Sollte es in deiner Gegend nicht ohnehin bereits einen öffentlichen Bücherschrank geben – recherchiere einfach im Internet –, dann installiere einen. Von dem hast du nämlich selbst auch etwas. Bei dieser Idee handelt es sich um einen für jedermann zugänglichen, meist irgendwo zentral im öffentlichen Raum platzierten, wetterbeständigen Schrank, gefüllt mit Büchern, die – zum Beispiel – du nicht mehr brauchst. Diese Druckwerke können ausgeliehen, getauscht oder einfach nur mitgenommen werden. Das Prinzip basiert klar auf Geben und Nehmen, und es hat sich bewährt. Von Zeit zu Zeit wird der neu hinzugekommene Buchbestand mit einem Stempel versehen, um zu verhindern, dass er ›missbraucht‹ und anderswo zu Geld gemacht wird. Dafür ist meist ein ehrenamtlicher ›Buchpate‹ zuständig, der – etwa von einem nahegelegenen Laden oder Lokal aus – immer wieder einen Blick auf den Bücherschrank werfen kann. So ist dieser auch einigermaßen vor Vandalismus sicher.

1 Buch kaufen

Ihrer äußeren Form nach sind die bereits existierenden öffentlichen Bücherschränke meist an das jeweilige Umfeld angepasst. Eine der ersten als solche gedachten Einrichtungen ist aus Mainz überliefert. 1993 haben dort die beiden US-amerikanischen Künstler Michael Clegg und Martin Guttmann einen alten Schaltkasten zur sozialen Skulptur umfunktioniert, diesem Regale eingezogen und versucht, von den in diesem Schrank kursierenden Büchern auf die soziale Struktur der näheren Umgebung zu schließen. Zehn Jahre später kreierte Trixy Royeck daraus einen Bücherschrank als dauerhaftes Stadtmöbel. Die Idee vermachte sie der Bonner Bürgerstiftung. Zur Perfektion gebracht wurde sie schließlich 2007 von Hans-Jürgen Greve. Seine vandalismussichere und nahezu wartungsfreie *BOKX* aus rostfreiem Edelstahl ist mittlerweile an mehr als hundert Orten im Einsatz, ermöglicht durch die Unterstützung des Energiekonzerns RWE, welcher in seinem Netzgebiet dabei half, die

Idee der Bücherschränke auch in den kleineren Städten und Gemeinden in Niedersachsen und Nordrhein-Westfalen zu verbreiten. Für den Designer und Architekten Hans-Jürgen Greve ist das BOKX-Konzept nicht nur ein ›Herzensprojekt‹, sondern zugleich ›ein professioneller Seiltanz zwischen privater und öffentlicher Selbstorganisation‹.

Aber auch in ganz anderer Form haben sich öffentliche Bücherschränke inzwischen bewährt: Während die ›Büchertankstellen‹ in Salzburg das Modell noch recht klassisch umsetzen, gibt es auch Büchertürme, offene Bibliotheken in Wohnwägen, zahllose umfunktionierte, nicht mehr für ihren ursprünglichen Zweck benützte Telefonzellen, begehbare Litfaßsäulen oder, im bayerischen Pondorf, eine ›Buch-Haltestelle‹ in einem Bus-Wartehäuschen. Ebenfalls in Bayern wurde auf dem Parkplatz des Museums der Gartenkultur in Illertissen ein ehemaliges Bienenhaus als öffentlich zugänglicher Bücherschrank adaptiert.

1 Buch aus der Bibliothek ausleihen

Einen radikaleren Ansatz verfolgen die drei ›offenen Bücherschränke‹, die der Künstler Frank Gassner in Wien etabliert hat, einer davon vom Konzeptkünstler Hermann Nitsch gestaltet. Für Gassner ist es wichtig, dass sein Projekt nicht als ›Leseinitiative‹ missverstanden wird: ›Die Bücher sind hier lediglich Mittel. Der Zweck ist ein funktionierendes Beispiel von Warentausch außerhalb des Geldkreislaufes, ein Ort der Kommunikation außerhalb eines Konsumraumes sowie die Besetzung öffentlicher Flächen durch Nichtkommerzielles.‹ Einer seiner offenen Bücherschränke ist deshalb bewusst auf einem Markt platziert, als Tauschdrehscheibe gezielt ›dem Konzept Markt entgegengesetzt‹.

Dass viele Lesenden diesem Ansatz etwas abgewinnen können, hat eine Studie des Konsumökonomen Michael-Burkhard Piorkowsky von der Universität Bonn ergeben. Er hat Bücherschrank-Benutzer interviewt. Dabei haben viele der Befragten den Wunsch nach ähnlichen Versorgungssystemen für andere Waren wie Musik-CDs oder Kinderspielzeug geäußert. ›Das Projekt hat uns gezeigt, dass solche alternativen Systeme durchaus realistisch sind‹, so Piorkowsky. Was seine Befragung außerdem ergeben hat: dass Frauen eher bereit sind, Bücher zu geben, während Männer eher Lektüre mit nach Hause nehmen. Da generell Frauen mehr und häufiger lesen als Männer, findet über den Umweg der Bücherschränke also jedenfalls eine – willkommene – ›Umverteilung‹ des Lesestoffs statt.

→ www.offener-buecherschrank.at
→ blog.openbokx.de

Miete eine Waschmaschine

Besitz wird überbewertet, gerade bei
Waschmaschinen. Was sich definitiv
lohnt, ist die Investition in ein robustes
Qualitätsprodukt. Wer dieses nicht in der
WG oder in der gemeinsamen Waschküche
teilen möchte, kann eine hochwertige
Waschmaschine auch mieten – samt Service,
Wartung und Reparaturen.

Wer billig kauft, kauft doppelt. Dieses alte Sprichwort ist eine glatte Untertreibung, zumindest wenn es um Waschmaschinen geht. Niemand weiß das besser als Sepp Eisenriegler. Seit 1998 bildet sein Reparatur- und Service-Zentrum – kurz: R.U.S.Z. – in Wien Langzeitarbeitslose zu Technikern aus, um sie später qualifiziert wieder in den Arbeitsalltag zu entlassen. Zu einem nicht unbeträchtlichen Teil hat es seine Belegschaft dabei mit Waschmaschinen zu tun. Die jahrelange Erfahrung mit diesen Geräten hat Eisenriegler eine Erkenntnis gebracht, die er, in einer einfachen Faustregel verdichtet, so zusammenfasst: ›Im Preissegment zwischen 300 und 500 Euro lässt sich jeder Hunderter ziemlich genau in Lebensjahre umrechnen.‹ Wer also beispielsweise zu Studienbeginn in ein 500-Euro-Modell investiert, kommt bei einer Studiendauer von zehn Semestern mit dem Wäschewaschen gerade einmal durch seine Uni-Zeit. Spätestens dann ist das Gerät kaputt – und das nächste fällig.

Dieses Beispiel bringt das Dilemma auf den Punkt: Einerseits können für einen Schulabgänger, der seine erste Wohnung auszustatten hat – vielleicht auf sich allein gestellt und ohne eigenes Einkommen –, bereits 500 Euro eine große finanzielle Hürde darstellen. Andererseits bedeutet der Verschleiß ständig neuer Haushaltsgeräte eine enorme Verschwendung von Ressourcen. Und das gilt natürlich nicht nur für Waschmaschinen, sondern für beinahe alle technischen Annehmlichkeiten: für den Wasserkocher ebenso wie für einen Laptop, Scanner oder den Fernseher. Davon profitieren in erster Linie die Hersteller, die dadurch andauernd neue Ware verkaufen können. Oft hat das sogar System: Die ›geplante Obsoleszenz‹ ist Teil der Kalkulation vieler Konzerne. Produkte gehen auf vorprogrammierte Weise kaputt – lange bevor der mechanische Verschleiß einen Austausch oder eine Reparatur erfordern würde. Auch künstlich verteuerte Ersatzteile oder überzogene Stundensätze für Wartung und Serviceleistungen sollen die Kunden dazu verführen, eher ein neues Produkt zu kaufen, statt das alte überprüfen und reparieren zu lassen.

1 Waschgang
pro Woche
mit Weichspüler

Vollwaschmittel für
1 Waschgang

Die Alternative zu solchen kurzlebigen Produktzyklen ist, einmalig ein deutlich teureres Qualitätsprodukt anzuschaffen. Gerade in diesem Bereich gibt es erprobte Nutzungsformen, die letztlich für den Einzelnen nicht immer automatisch auch teurer sein müssen. Sie erfordern jedoch einen höheren Organisationsgrad. Zum Beispiel: die gemeinsame Waschküche. In alten Wohn- und Gemeindebauten – und immer wieder auch in neuen Wohnprojekten – gibt es sie noch, diese gemeinschaftlich genutzten Räume und Orte, an denen sich die Bewohner selbstorganisiert die Zeit zum Waschen einteilen. In den insgesamt 5327 Waschküchen, die etwa ›Wiener Wohnen‹ in den Gemeindebauten der Stadt betreut, geht das mittlerweile bequem online. Dieser kollektive Heavy User benötigt freilich die aus der Waschmaschinenwerbung wohlbekannte ›Verlässlichkeit für viele Jahre‹. Das heißt: Er setzt auf Qualität und langlebige Markenprodukte anstatt auf Billigware. Nicht anders haben etwa die

Betreiber von Studentenheimen zu agieren: Auch sie können ihren Mietern keine Billiggerätschaft vorsetzen. Und auch in Waschsalons werden wir vergeblich nach Ramsch suchen. Da wie dort werden klarerweise robuste und reparaturfähige Modelle bevorzugt. Wir sehen also: Das Teilen von Qualitätsprodukten ergibt durchaus Sinn.

Spätestens nach der Studienzeit erachten die meisten Absolventen (oder Abbrecher) eine eigene Waschmaschine jedoch als ein Stück Lebensqualität und persönliche Freiheit. Trotz dieser verbreiteten Einstellung sollte die kollektive Waschmaschine in der Waschküche nicht der Vergangenheit angehören. Dafür gibt es eine ganze Reihe von guten Gründen: ›Die Waschküche in Gemeindebauten unterstützt ökologisches Handeln. Die Benützung kann rasch und effizient gebucht werden. Die Waschküche spart Ressourcen, weil eine größere Menge Wäsche auf einmal gewaschen werden kann. Gezahlt werden zudem nur die Energiekosten, die jeder Einzelne verbraucht. Die Waschküche wird also sicher nie aus der Mode kommen‹, meint Elisabeth Miksch-Fuchs, die bei ›Wiener Wohnen‹ für die Betreuung der Gemeindebauten zuständig ist. Da in wachsenden Städten die Wohnfläche pro Kopf zudem immer geringer wird, bringt es außerdem einen klaren Gewinn an Wohnraum und freier Fläche, wenn im Badezimmer oder sonst wo kein Platz von der Waschmaschine verstellt wird.

Wer auf die Waschmöglichkeit in den eigenen vier Wänden dennoch nicht verzichten möchte und einer hochwertigen Maschine eindeutig den Vorzug geben würde, vielleicht aber gerade zu wenig Geld für eine solche Anschaffung hat, für den hat Sepp Eisenriegler eine Lösung parat: eine Waschmaschine höchster Güte zum Mieten. Sowohl die Inbetriebnahme als auch Wartungsarbeiten und allfällige

Wäsche an der
Luft trocknen

Reparaturen sind mit einer Monatsmiete von 15 Euro bereits bezahlt. Einzige Einschränkung: Das Angebot gibt es – vorerst – nur im Großraum Wien, und beim Unterschreiben des Mietvertrags sind einmalige Installationskosten von 150 Euro zu bezahlen. Möglich macht diese Kalkulation nur eine langfristige Rechnung und eine Waschmaschinen-Eigenmarke, die Eisenrieglers Techniker mitentwickelt haben. All ihre Erfahrungen sind in ein besonders langlebiges und reparaturfreundliches Modell eingeflossen.

Wie das Miet-Modell angenommen wird, muss sich erst zeigen. Klar ist: Kommt es bei der Kundschaft an, dann werden auch die etablierten Elektrokonzerne nachziehen. Schon jetzt bieten etwa Bosch und Siemens auch Geräte zum Mieten an. Wirklich beworben wird dieser Service von den großen Unternehmen allerdings (noch) nicht. Eisenriegler möchte daher diesbezüglich zunächst Bewusstsein und Nachfrage und schließlich einen Markt schaffen. Sollte sich seine Waschmaschinen-Eigenmarke bewähren, dann werden unter demselben Label bald auch andere Elektrogeräte vermietet werden. Im Wiener Reparatur- und Service-Zentrum verhandelt man jedenfalls bereits mit auswärtigen Unternehmen, die bereit sind, die Idee und die R.U.S.Z.-Waschmaschine zu exportieren.

→ www.rusz.at
→ www.reparaturnetzwerk.at
→ www.reparaturfuehrer.at
→ www.mietenstattkaufen.info

Kauf dir ein Stück Land (und schenk es dem Rest der Welt)

Nicht nur Regenwald geht Tag für Tag verloren. Auch direkt rund um uns wird fruchtbarer Boden ›versiegelt‹ und verschwindet unter Beton. Doch was wir vom WWF gelernt haben: Man kann Flächen freikaufen – auch in unseren Breiten.

Kurzfristig ökonomisch gedacht, ist die Idee irrsinnig: Man kauft wertvolles Bauland, das noch nicht verbaut ist, um es gleich darauf in weniger wertvolles Grünland oder eine freie Fläche umwidmen zu lassen. Dass diese vom Vorarlberger Verein ›Bodenfreiheit‹ propagierte Idee – die sozusagen dem Gegenteil von Bodenspekulation entspricht – dennoch bereits mehrfach ausgezeichnet und mit Preisen bedacht wurde, hat einen einfachen Grund: Vorarlberg, das kleine österreichische Bundesland an der Grenze zu Deutschland, zur Schweiz und zum Fürstentum Liechtenstein, ist eine der am stärksten zersiedelten Regionen Europas. Und auch wenn Bauland für den Einzelnen vielleicht einen hohen Wert haben mag, etwa als Investition oder gar als Spekulationsobjekt: Für die Gemeinschaft sind langfristig unverbaut bleibende Flächen mindestens ebenso wertvoll – sowohl ästhetisch und das Ortsbild betreffend, als auch als Freiräume, als Natur und öffentlicher Raum für gemeinschaftliche Aktivitäten. Kein Zufall also, dass der Verein Bodenfreiheit bislang vor allem von gemeinnützigen Stiftungen mit Geldpreisen gewürdigt wurde: Beim Ansinnen des Vereins geht es ganz klar um das Gemeinwohl.

Dabei ist die Idee bestechend einfach und nachahmenswert: Menschen legen zusammen, um gemeinsam

Boden freizukaufen. Wer es sich leisten kann, spendet einen monatlichen Betrag von mindestens 10 Euro. Ein Experten-gremium, dem Landschafts- und Stadtplaner, Bauern und Architekten angehören, entscheidet darüber, welche Flächen befreit werden. Wir kennen das von der Kampagnen-Kollekte des WWF, der seit Jahrzehnten Geld sammelt, um damit vom Abholzen bedrohten Regenwald aufzukaufen und den Spen-dern eine symbolische Urkunde für den ›Besitz‹ einer ent-sprechenden Quadratmeterfläche Regenwald auszustellen. Auch in Vorarlberg steht nicht der Gewinn Einzelner im Vor-dergrund, sondern der Nutzen für die Gesellschaft. ›Je nach Standort und Erfordernis wird die Nutzung der erworbenen Flächen naturräumlichen, sozialen, kulturellen, raumplane-rischen oder landschaftsästhetischen Aspekten angepasst‹, heißt es auf der Website des Vereins. Konkret heißt das: An wichtigen Orten werden bereits zur Bebauung freigegebene Freiräume garantiert erhalten und als Wald oder Blumen-wiese, als Fußball- oder Spielplatz, als Park, Rodelhügel oder als Gemeinschaftsgarten für die Allgemeinheit freigegeben. ›Diese öffentlichen und unbebauten Inseln im »Meer des Pri-vaten« sollen Denkanstöße über die Nutzung unseres Rau-mes liefern und den wahren Wert dieser Flächen aufzeigen‹, so der Verein Bodenfreiheit.

Für jedes befreite Grundstück wird ein Nutzungskon-zept erarbeitet. Das Projekt steht freilich noch am Anfang: Über den Kauf einer ersten Fläche wird verhandelt, wäh-rend ich diese Zeilen schreibe. Ein erster Befreiungsschlag ist allerdings allein schon durch das von den Vereinsaktivi-täten geschaffene Bewusstsein und das Engagement zweier Mitglieder gelungen: In der kleinen Gemeinde Dafins wurde eine seit Jahren als Bauland gewidmete, von der Kommune gepachtete und als Dorfplatz genutzte Fläche gleich neben der Kirche an eine Privatperson verkauft. Die Umrisse eines Einfamilienhauses waren hier bereits abgesteckt, als gemeinsamer öffentlicher Druck gemacht wurde und die Vereinsmitglieder ihre Beziehungen spielen ließen. Da der Verein selbst noch nicht über die erforderlichen Geldmittel verfügte, legten schließlich Gemeinde, Land und Diözese zusammen – und kauften das für die Dorfgemeinschaft wichtige Land wieder für die Allgemeinheit frei.

Bereits 350 Mitglieder (und damit jeden tausendsten Bewohner des Bundeslandes Vorarlberg) zählt der Verein. Auf Berlin mit seinen 3,5 Millionen Einwohnern umgelegt, entspräche das beachtlichen 3500 Beteiligten.

Brachliegendes Bauland ist natürlich nicht nur im äußersten Westen Österreichs ein Problem. Auch andernorts setzen ungenützte Grundstücke die Gemeinden und Städte unter Druck, immer weiteres Bauland zu widmen, was zu einem immensen Bodenverbrauch führt. In Österreich ist der Flächenverbrauch pro Kopf doppelt so hoch wie in Deutschland. 22,4 Hektar Boden werden in Österreich täglich für Verkehr, Gebäude, Infrastruktur und Freizeitzwecke geopfert. Das entspricht der durchschnittlichen Größe eines Bauernhofes – mitsamt all der bewirtschafteten Fläche –, die wir in Einkaufszentren, Umfahrungsstraßen, Golfplätze oder Siedlungsgebiet verwandeln. ›Pro Jahr sind das 8000 Hektar, also in etwa die Größe der Stadt Salzburg‹, heißt es in einem Papier des Ökosozialen Forums. Ein Viertel davon wird ›versiegelt‹ – also etwa mit Parkplätzen, Straßen oder Gebäuden zugepflastert. Einmal zubetoniert, verliert der Boden damit alle seine biologischen Funktionen als fruchtbares Land, als CO_2-, aber auch Wasserspeicher.

Besonders problematisch daran: Gesiedelt wird traditionell auf den fruchtbarsten Böden. Werden diese aber nicht mehr landwirtschaftlich genutzt, hat das direkte Auswirkungen und erhöht unsere Abhängigkeit von Lebensmittelimporten. ›Wenn man die Ackerfläche von 2012 mit jener von 1961 vergleicht, so hat Österreich in diesem Zeitraum 32,6 Prozent der fruchtbaren landwirtschaftlichen Böden für die Lebensmittelproduktion verloren‹, so Stephan Pernkopf vom Ökosozialen Forum. Hält diese Entwicklung an, dann werden in den kommenden zwanzig Jahren in Österreich weitere 165 000 Hektar verbaut. Das entspricht in etwa dem insgesamt im Bundesland Burgenland bewirtschafteten Ackerland. Spätestens in 166 Jahren wäre unter Beibehaltung dieser Dynamik die gesamte Ackerfläche Österreichs verbaut. Weil sie auf Einnahmen durch die Kommunalsteuern nicht verzichten können, besteht für viele Gemeinden ein Anreiz, Flächen für zuziehende Bewohner oder neue Betriebe neu zu widmen. Jeder zweite neu errichtete Wohnbau ist ein Einfamilienhaus. Insgesamt drei Viertel der zwei Millionen Gebäude in Österreich sind Einfamilienhäuser. Weil am Land nicht – wie in Städten – in die Höhe, sondern in die Breite gebaut wird, brauchen wir auch immer neue Straßen, Umfahrungen und Platz für Infrastruktur – ein Teufelskreis, den man in vielen Gegenden Deutschlands und der Schweiz ebenso gut kennt. Die Schweizer haben dafür den Begriff ›Hüslipest‹ geprägt: Die Bauten breiten sich aus wie eine Krankheit. Die Zersiedelung schreitet voran. Fruchtbarer Boden verschwindet.

Wie wir gegen diese Entwicklung vorgehen können, lehrt uns das Beispiel aus Vorarlberg. Vereint wenden sich die dortigen Bodenfreiheitskämpfer nicht nur an die Medien. Sie organisieren auch Spaziergänge durch zersiedeltes Gebiet und die Reste von Grünzonen. Vorträge und Picknicks zum Verlust von Freiräumen lassen sich natürlich auch andernorts leicht nachmachen.

Wenn du auf der Suche nach Mitstreitern Argumente und ein gutes Beispiel dafür brauchst, wie wichtig die endliche Ressource Boden für jeden Einzelnen von uns ist, sieh dir das von der Europäischen Union geförderte Projekt ›2000 m²‹ an. ›2000 Square Metres‹ vermittelt auf einfache und leicht verständliche Weise, was auf einer Fläche von 2000 Quadratmetern alles wächst und gedeiht. Denn 2000 Quadratmeter sind nicht nur jene Fläche, die jedem Menschen zustünde, würde man alles verfügbare Land der Erde durch die Anzahl der Weltbevölkerung teilen. Es ist auch jene Fläche, deren Ertrag an Weizen und Soja zwei Mastschweine ernährt. Und jene Fläche, auf der du legal 2000 Schweine mästen dürftest. Kurzfristig ökonomisch gedacht, wäre ein solcher Mastbetrieb vielleicht klug, von jedem anderen Standpunkt aus betrachtet: blanker Irrsinn.

→ www.bodenfreiheit.at
→ www.2000m2.eu/de
→ www.facebook.com/2000sqm

Radle zur Arbeit

Mit dem Rad zur Arbeit, an die Uni oder
ins Büro fährst du am besten nicht für dich
allein, sondern mit Kollegen um die Wette.
Denn so trittst du nicht nur deinem inneren
Schweinehund in den Hintern, sondern bist
auch – nicht zu unterschätzen – ein gutes
Vorbild.

Mit dem Fahrrad oder Velo zur Arbeit gefahren ist manch einer schon vor mehr als hundert Jahren. Wirklich neu ist der durch eigene Muskelkraft bewältigte Berufsverkehr also nicht. Fahrräder gibt es seit dem frühen 19. Jahrhundert – und damit bereits ein halbes Jahrhundert, bevor die erste U-Bahn der Welt unterhalb Londons dampft und auf dem Kontinent an den ersten Automobilen getüftelt wird.

Dass der Weg zur Arbeit zu einem gemeinsamen Projekt unter Kollegen wird und zu einem freundschaftlichen Wettstreit zwischen Unternehmen, das ist allerdings eine Errungenschaft jüngerer Tage. ›Mit dem Rad zur Arbeit‹ nennt sich die Initiative in Deutschland, ›Radelt zur Arbeit‹ in Österreich, ›Bike to Work‹ in der Schweiz sowie in etlichen anderen Ländern. Das Prinzip ist da wie dort dasselbe: Teams von mindestens zwei Personen schließen sich zusammen, registrieren sich online und treten gegen andere Teams in die Pedale. Gewonnen hat, wer auf dem Weg an den Arbeitsplatz oder ins Büro die meisten Kilometer schafft. Jeder Bewerb dauert mehrere Wochen – was ihm geballte Aufmerksamkeit sowohl seitens der Medien als auch seitens der Teilnehmer und deren Firmen sichert. Attraktive Preise, Tageswertungen und Lotterien feuern die Radler Tag für Tag an, auf dass ihnen nicht die Puste aus- und die Lust am Rad-fahren vergeht.

170 000 Menschen haben sich 2014 in Deutschland dafür registriert, ›mit dem Rad zur Arbeit‹ zu fahren. In Dänemark sind es an die 100 000, in der Schweiz 50 000 und in Österreich 23 000 Personen. Mehr als die Hälfte der Ange-meldeten hat dann auch durchgehalten und war tatsäch-lich aktiv. Die Kampagne wächst nicht zuletzt deshalb, weil immer mehr Unternehmen sich daran beteiligen und ihre Mitarbeiter dazu ermuntern, sich aufs Rad zu schwingen. In Dänemark und in der Schweiz bezahlen die Unternehmen sogar dafür, dass ihre Mitarbeiter teilnehmen. Durchaus nachvollziehbar: Radelnde Mitarbeiter lassen sich nicht nur gut an die Medien verkaufen. Wer mehrmals wöchentlich oder gar täglich mit dem Rad fährt, ist spürbar gesünder, bleibt fit und wird – sehr zur Freude seines Arbeitgebers – seltener krank. Demnächst soll EU-weit die Losung ›Bike to Work‹ ausgegeben und als Kampagne ausgerollt werden. Auch in Ländern wie Rumänien oder Litauen möchte man die Radkultur stärker verankern.

Der Spaß an der Sache mag noch so groß sein, wenn Bankhäuser gegen Versicherungsunternehmen, Werbeagen-turen gegen Uni-Institute oder die Beschäftigten einer Zahn-arztpraxis gegen die Belegschaft eines Röntgenlabors um Kilometer wetteifern. Hinter all dem steckt aber ein langfris-tiger und wohlüberlegter Masterplan. ›Der Grundgedanke ist, dass es sich beim Weg zur Arbeit um den Schlüsselweg des Tages handelt‹, erklärt Alec Hager, Obmann der ›Rad-lobby‹, die den Wettstreit in Österreich organisiert. ›Dieser Schlüsselweg wirkt sich auf alle anderen Verkehrswege aus. Er entscheidet mit, wie ich meinen Einkauf erledige, wie ich den Nachwuchs in den Kindergarten bringe und wieder von

10 km mit einem
VW Golf fahren
(1 Person)

10 km mit einem
Porsche Cayenne
fahren (1 Person)

dort abhole. Wie ich zur Arbeit komme, ist also meine zentrale Mobilitätsentscheidung.‹ Kurzfristig gibt die Wettbewerbssituation dem inneren Schweinehund einen Tritt in den Hintern. Langfristig soll sie uns verdeutlichen, wie einfach und befriedigend es mitunter sein kann, das Auto stehen zu lassen und sich selbst in Bewegung zu setzen. ›Wir radeln weiter!‹, heißt konsequenterweise eine kleinere Kampagne, die in Österreich auch das restliche Jahr über Lust aufs Rad macht.

Motiviere also deinen Arbeitgeber oder – solltest du selbst einer sein – deine Mitarbeiter, euch an der Aktion zu beteiligen. Das wird nicht ohne Folgen für deine Umwelt bleiben. Denn, so Martin Blum, der Radverkehrsbeauftragte der Stadt Wien: ›Der wichtigste Faktor, wenn es darum geht, Menschen vom Auto aufs Rad zu bringen, ist die Vorbildwirkung von Nachbarn, Kollegen oder den eigenen Familienmitgliedern. Wer immer wieder sieht, dass sich das Rad einfach in den Alltag integrieren lässt, der probiert es irgendwann auch selbst aus.‹

→ www.mit-dem-rad-zur-arbeit.de
→ www.radeltzurarbeit.at
→ www.biketowork.ch
→ www.biketoworkinfo.org

10 km mit dem
Linienbus fahren

10 km mit dem
Fahrrad fahren

Lass dein Auto stehen
(zumindest in der Fastenzeit)

Tausch dein Autokennzeichen gegen
einen Öffi-Fahrschein ein. Auch wenn
du nicht an die ›Schöpfung‹ glaubst: Ein
Monat Autofasten wird dir überraschende
Erkenntnisse über deine eigene Mobilität
bringen. Was sich in jedem Fall verbessert:
deine körperliche Kondition.

Die Idee lässt sich weit über jene christlichen Kreise und Glaubensgruppen hinaus denken, aus denen sie ursprünglich stammt. (Auto-)Fasten können schließlich nicht nur gläubige Katholiken und Protestanten. Während manche Christen in den Wochen vor Ostern die Fastenzeit zelebrieren, feiern viele Muslime einen Fastenmonat, den Ramadan. Und auch für Ungläubige könnten die christliche oder die islamische Fastenperiode ganz profan ein willkommener Anlass sein, es einmal weitestgehend ohne Auto zu versuchen. Genauso wie sich aus Gewohnheit und lieb gewonnener Tradition auch viele Atheisten zu Weihnachten einen Christ- oder Weihnachtsbaum aufstellen und einander beschenken.

Wobei die Aktion Autofasten ohnehin keinen Fundamentalismus predigt. Es muss nicht zwingend ganz auf das Auto verzichtet werden. ›Es geht darum, über den eigenen Lebensstil nachzudenken und diesen im Blick auf die allgegenwärtige Umweltbelastung zu verändern‹, kommentiert der österreichische Kardinal Christoph Schönborn das konfessionsübergreifende Engagement, das 2005 in Graz begann. ›Viele Menschen sind auf das Auto angewiesen‹, sagt Tilman Wagenknecht von der Marketingkooperation Bus Thüringen, welche gemeinsam mit der Evangelischen Kirche in Mitteldeutschland die Bewusstseinskampagne seit 2011 jährlich vor Ostern durchführt. ›Die Hälfte aller Autofahrten in Deutschland sind aber kürzer als fünf Kilometer. Hier gilt es, die eigene Bequemlichkeit zu überwinden.‹

Autofasten kann also – je nach deinem individuellen Mobilitätsbedürfnis – sowohl bedeuten, dein Auto ganz in der Garage zu lassen; zu versuchen, Fahrten bewusst zu vermeiden; Fahrgemeinschaften zu bilden; mehr zu Fuß zu gehen; das Rad zu nehmen; es einmal mit Carsharing zu versuchen – oder aber es mit einem Monatsticket für Bus, Bahn oder Straßenbahn zu probieren. Konsequenz wird allerdings belohnt, beispielsweise vom Verkehrsverbund Rhein-Mosel. Dieser bietet nicht nur ein stark ermäßigtes Fastenticket für seine öffentlichen Verkehrsmittel an, sondern auch einen Deal für Wagemutige: Wer in den Wochen vor Ostern die Nummernschilder seines angemeldeten PKW abgibt, bekommt im Tausch das Fastenticket vom Verein Ökostadt Koblenz geschenkt – und dazu noch eine Chipkarte für das lokale Carsharing-Projekt *teilAuto*.

Mittlerweile weiß man, dass das Autofasten-Experiment für seine Teilnehmer nicht ohne Folgen bleibt. ›Nach den vier Wochen und entsprechenden Erfahrungen sind Sie sicher so fit, um entscheiden zu können, ob und in welchen Punkten Sie Ihre Umgangsweise mit dem Auto verändern wollen und können‹, heißt es hoffnungsfroh im Blog des Bistums Trier. Bei einer vom Saarbrücker Sozialforschungsinstitut ISPO durchgeführten Befragung meinten 65 Prozent der Teilnehmer, sie wären ›guten Mutes, Verhaltensänderungen in den Alltag mitzunehmen‹. In Österreich sind die knapp 16 000 Autofastenden in den Vorosterwochen 2014 laut Presseaussendung der diözesanen Umweltbeauftragten unglaubliche 9,42 Millionen Autokilometer *nicht* gefahren.

10 km mit einem Mercedes SLK 350 fahren (1 Person)

10 km Zug fahren (im Netz der Deutschen Bahn)

Wenn du selbst schon einmal in der Fastenzeit auf Kaffee, Alkohol oder Süßes verzichtet hast, dann weißt du, dass es motivierend ist, sich an solchen kollektiv gelebten Traditionen zu beteiligen. In der Regel muss man sich dafür nicht rechtfertigen; religiöse Bräuche und Glaubensgepflogenheiten werden in unseren Breiten zum Glück weitgehend akzeptiert. Gerade deshalb ist – ob Auto, Alk oder schweres Essen – die Fastenzeit auch für weltlich Motivierte und ›Ungläubige‹ ein idealer Rahmen für Selbstversuche. Ich habe das selbst schon mit Koffein und Alkohol ausprobiert.

10 km zu Fuß gehen

Anders als bei religiösen Überzeugungen, die Privatsache sein sollten, ist es beim Autofasten aber durchaus vertretbar, wenn du deine Familie, Arbeitskollegen, Bekannte und Freunde sanft missionierst und deine Mitmenschen sachte zum Mitmachen ermunterst. Vermeide es dabei, aufdringlich zu sein. Es reicht, wenn du deine Erfahrungen teilst. Wer es nie selbst ausprobiert hat, weiß vermutlich gar nicht, dass Radfahren nicht nur anstrengend, sondern auch ›Genussmittel‹ sein kann – wenn du es genießt, das Wetter zu spüren.

Erscheint dir Autofasten trotzdem zu sehr auf Enthaltsamkeit erpicht? Dann kannst du in der Fastenzeit ja das Auto stehen lassen – und dafür guten Gewissens auch einmal auf den Alkoholverzicht verzichten.

→ www.autofasten.at
→ www.autofasten-thueringen.de

159

10 GEBOTE, UM UMWELTFREUNDLICH MOBIL ZU SEIN*

01 Geh zu Fuß

Etwa jede zehnte Strecke, die wir im Alltag zurücklegen, ist kürzer als ein Kilometer – eine Distanz, die für viele von uns leicht zu Fuß zurückzulegen ist. Wenn du Alltagswege gehst, bist du nicht nur umweltfreundlich mobil, sondern erlebst auch deine Umgebung intensiver, lernst die eigene Stadt oder deine Umgebung viel besser kennen. Außerdem ist Gehen gesund.

02 Nimm das Rad (zumindest für kurze Strecken)

Das Fahrrad ist das ideale Verkehrsmittel für Distanzen von über einem Kilometer bis – je nach Fitness – fünf oder sogar zehn Kilometer. Sportliche Menschen radeln auch 15 Kilometer oder mehr in die Arbeit. Welch großes Potenzial es fürs Radfahren gibt, zeigen folgende Zahlen des VCÖ: Fast jede zweite Autofahrt ist kürzer als fünf Kilometer! In Vorarlberg werden rund 15 Prozent der Alltagswege mit dem Rad gefahren, in vielen anderen Regionen Österreichs nur fünf bis sieben Prozent. In Kopenhagen beträgt der Radverkehrsanteil sogar rund 35 Prozent.

03 Fahr mit Öffis statt mit dem Auto

Öffentliche Verkehrsmittel verbrauchen im Schnitt pro Personenkilometer nur ein Sechstel der Energie eines Autos. Bei stark frequentierten Strecken (etwa Wien–Salzburg) ist aufgrund der hohen Auslastung der Züge der Energieverbrauch pro Personenkilometer sogar noch deutlich niedriger. Und

* inspiriert vom Verkehrsclub Österreich (VCÖ) – www.vcoe.at

während die Autos heute zu mehr als 95 Prozent mit Erdöl fahren, fahren die Öffis fast zur Gänze mit Strom – und hier wiederum zu einem sehr hohen Anteil mit Strom aus Wasserkraft. Alle, die mit einer Öffi-Jahreskarte zur Arbeit fahren können, sind außerdem um ein Vielfaches kostengünstiger unterwegs als mit dem Auto.

04 Teile Autos

Allein die Produktion eines Autos verursacht so viele Treibhausgase wie etwa 30 000 bis 35 000 mit dem Auto zurückgelegte Kilometer. Laut VCÖ ist ein Auto im Schnitt nicht einmal eine Stunde pro Tag im Einsatz. Carsharing trägt dazu bei, die Umweltbelastung zu reduzieren und auch den Platzbedarf des Verkehrs zu verringern. So kann der öffentliche Raum wieder stärker den Menschen zurückgegeben werden.

05 Fahre spritsparend

Wer Auto fährt, kann durch einen spritsparenden Fahrstil den Treibstoffverbrauch und damit die Abgasbelastung um zehn bis zwanzig Prozent verringern. Beherzige dazu das Motto ›Gleiten statt rasen‹, schalte rasch in den nächsthöheren Gang, fahre vorausschauend (nimm bei roter Ampel rechtzeitig den Fuß vom Gas, nutze die Motorbremse), transportiere kein unnötiges Gewicht.

06 Sag Nein zu übermotorisierten Spritfressern

Hast du gewusst, dass im Schnitt nur 1,17 Personen in einem Auto sitzen? Um 117 Personen zu transportieren, sind derzeit also 100 Autos unterwegs. Der Großteil dieser Autos ist viel zu groß für seine Einsatzzwecke. Entscheide dich deshalb lieber für ein kleines Auto. Falls du für den Familienurlaub ein größeres Gefährt brauchst, gibt es Mietwagen. (Ein großer Vorteil beim Carsharing ist übrigens, dass du einen ganzen Fuhrpark zur Auswahl hast: vom Kleinwagen bis zum Familien-Van.)

07 Denk beim Übersiedeln an Alltagswege

Wo du wohnst, entscheidet auch, wie du mobil bist: Bei der Wahl des Wohnortes zahlt es sich aus, auch die Mobilität mitzudenken. Gibt es ausreichend Nahversorgung? Wie ist das Freizeitangebot in der Nähe? Wie weit habe ich in die Arbeit? Eine für Familien relevante Frage: Wie weit ist der Kindergarten oder die Schule entfernt? Kurze Wege ermöglichen es dir, umweltfreundlich unterwegs zu sein. Dabei steigst du auch günstiger aus.

08 Kauf regional und saisonal

Dein Konsumverhalten beeinflusst auch die Verkehrsentwicklung: Nicht nur die Wahl des Verkehrsmittels, mit dem du deine Einkäufe erledigst, entscheidet über deinen ökologischen Fußabdruck. Auch was wir einkaufen, hat großen Einfluss auf den Verkehr. Langlebige Produkte helfen, den Lkw-Verkehr zu verringern. Ähnliches gilt für Produkte aus der Region: Saisonale Produkte zu kaufen heißt, dass Warentransporte über mehrere tausend Kilometer vermieden werden können.

09 Halte den Schulweg deiner Kinder autofrei

Wenn du deine Kinder mit dem Auto zur Schule bringst, erhöhst du das Unfallrisiko im Schulumfeld. Du tust auch dem eigenen Kind nichts Gutes: Den Schulweg zu Fuß zurücklegen zu können, bedeutet, schon am Weg zur Schule die Natur erleben zu können. Zudem ist der Schulweg sicherer als Wege in der Freizeit. Wer also am Schulweg selbstständige Mobilität lernt, ist auch in der Freizeit sicherer

unterwegs. Nicht zuletzt bekommen Kinder, die den Schulweg aktiv zurücklegen – also zu Fuß, mit dem Rad oder dem
Tretroller –, dadurch einen Teil der wichtigen Portion Bewegung. Und schließlich hat es großen Einfluss auf unser späte-
res Mobilitätsverhalten, wie wir als Kind mobil sind: Wer als
Kind viel mit Öffis oder Rad unterwegs war, wird diese auch
später selbstverständlich nutzen.

10 Mach im Urlaub keine Ausnahme

Achte auch im Urlaub auf den Faktor Mobilität: Radurlaube
werden immer beliebter. Auch autofreie Tourismusorte sind
zunehmend populär. Aber auch wenn du konventionell mit
Auto oder Flugzeug ans Urlaubsziel gelangst, kannst du vor
Ort einiges dazu beitragen, um umweltfreundlich mobil zu
sein: Geh kurze Strecken zu Fuß, unternimm Ausflüge mit
dem Bus oder der Bahn, fahre spritfahrend und achte bei der
Auswahl deines Quartiers auch auf die öffentliche Erreich-
barkeit und auf Nahversorgung.

Bildet Banden – oder gründet einen Co-working Space

Die gemeinsame Nutzung von Drucker, Beamer, Fax und Besprechungsräumen spart Geld und Ressourcen und ist außerdem höchst inspirierend. Auch Freiberufler und Teilzeitaktive profitieren von der Vernetzung in Co-working Spaces. Dort findest du Austausch mit mutigen Ideenentwicklern und potenziellen Kunden – und mitunter sogar die Möglichkeit, selbst zum Global Player zu werden.

Gemeinschaftsbüros sind nichts Neues. Es gab sie lange bevor das Heer der Ein-Personen-Unternehmen, das sich seit der Jahrtausendwende explosionsartig verbreitet, sich Raum zum beruflichen Leben und Arbeiten suchen musste. Doch erst die Entwicklung neuer selbstständiger Arbeitsformen verschaffte Bürogemeinschaften eine gesellschaftspolitische Relevanz. Dass sich der realwirtschaftliche Wandel zuerst in den deutungsmächtigen Avantgarde-Branchen der Kreativwirtschaft abzeichnete, bescherte diesen beruflichen Ballungszentren der Freiberufler und Kleinunternehmer eine besondere (mediale) Attraktivität. Seit 2005 reden wir vom ›Coworking Space‹ als einem Ort, an dem gemeinsam – und oft auch zusammen – gearbeitet wird. Den Begriff prägte der in San Francisco ansässige Programmierer Brad Neuberg. Ihm ging es darum, für Seinesgleichen einen Ort zu schaffen, an dem weniger in Konkurrenz als vielmehr auch kollaborativ gearbeitet werden kann. Ein Ort, an dem man auch als Einzelkämpfer produktiver ist, als wenn man alleine zu Hause säße, und an dem man vom Elan der anderen beflügelt wird. Der Co-working Space ist somit die neoliberal geprägte Entsprechung und Einlösung einer alten, sloganhaften 1968er-Forderung: ›Bildet Banden!‹

Das Konzept hat sich mittlerweile bewährt: 3000 solcher kreativen Orte soll es gegenwärtig rund um den Globus geben. Ganz genau lässt sich das schwer feststellen – zu vielfältig sind die Modelle und Ansätze. Viele Spaces sind unabhängig, andere wiederum werden von größeren Unternehmen betrieben – auch als Labor und Denkwerkstatt für Ideen und Start-ups, von denen diese Firmen selbst profitieren. Das intensivste Co-working finden wir – wenig überraschend – in Metropolen wie San Francisco, London, Berlin, Zürich oder Wien. Auch aus Universitäts- und Kleinstädten wie Greifswald, Klagenfurt, Dornbirn oder Salzburg wird von solchen Gründungen berichtet. Immer wieder haben sich die Massenmedien dem Phänomen des ›neuen Arbeitens‹ gewidmet. Es scheint nur eine Frage der Zeit, bis die erste Sitcom im bunten Milieu der Entrepreneure, Glücksritter und der von Liedermacher Funny van Dannen besungenen ›kleinen geilen Firmen‹ angesiedelt wird.

Doch selbst wenn mittlerweile die Mehrheit der Weltbevölkerung in Städten lebt, gibt es genauso auf dem Land Bedarf für gemeinschaftliche Arbeitsplätze und branchenübergreifende Vernetzung. Denn auch abseits der Städte werden Formen der Selbstständigkeit immer öfter zum Regelfall. 2009 gab es in der Europäischen Union (damals noch ohne ihr jüngstes Mitglied Kroatien) 32,5 Millionen Selbstständige. Mehr als jeder siebte europäische Erwerbstätige ist somit unternehmerisch aktiv. Auch wenn diese Quote nach konstantem Zuwachs bis 2008 zuletzt etwas gesunken ist: Der Trend dürfte unumkehrbar sein. In Österreich weist die Wirtschaftskammer, die Interessenvertretung der Unternehmerinnen und Unternehmer, 267 000 Ein-Personen-Unternehmen (sogenannte EPUs) aus. Hinzu kommen Freiberufler, Künstler, ›Neue Selbstständige‹ und

Bauern, die ebenfalls Ein-Personen-Unternehmen sein können, weshalb etwa die ›Grüne Wirtschaft‹, der Verband grü-
ner Unternehmer in Österreich, von bis zu einer halben Million EPUs ausgeht.

Natürlich gibt es für viele von ihnen auch gute Gründe,
vom eigenen Zuhause aus zu agieren – etwa um zeitlich flexibel und vollkommen unabhängig zu sein. Zum Beispiel wenn
jemand bewusst weniger arbeiten möchte, um sich dem
Nachwuchs zu widmen oder sich weiterzubilden. Wer allerdings schon einmal am eigenen Leib gespürt hat, wie schwer
es einem fallen kann, sich in den eigenen vier Wänden auf-
zuraffen; wer draufgekommen ist, wie schnell man dort auch
vereinsamen kann und dass E-Mail, Telefon und Video-Chat
niemals auf Dauer unmittelbare soziale Kontakte kompen-
sieren – der oder die wird die Vorteile eines Arbeitsplatzes in
einem Co-working Space nicht in Abrede stellen.

PC mit Monitor
benützen
(bei einer Lebens-
dauer von 2 Jahren)

Zuvorderst ist ein Co-working Space nämlich ein sozialer Ort, und als solcher ein höchst inspirierendes Milieu.
Oft wird gemeinsam gekocht, gefeiert und sinniert. So ist
es kein Zufall, dass es immer wieder vorkommt, dass sich
auch große Unternehmen mit einem Teil ihrer Belegschaft
in einem Co-working Space einmieten – etwa mit ihrer For-
schungs- und Entwicklungsabteilung. Kollaboratives Arbeiten und Open Innovation sind längst keine Nischenthemen
mehr. Fortschritt und gelebtes gemeinschaftliches Vorden-
ken ist gerade auch für die ganz Großen ein Riesenthema.
Denn die branchenübergreifende Sichtweise auf Probleme
begünstigt Innovation geradezu: Nur in den allerseltensten
Fällen lassen sich alle Mieter eines Co-working Space ähnlichen Berufsfeldern zuordnen. Die Holzdesignerin kann auf
den PR-Berater inspirierend wirken. Gut möglich, dass der
kritische Blick einer freien Journalistin und Bloggerin der

Start-up-Gründerin zu neuen Perspektiven verhilft – oder dass ihr an der Espressomaschine ausgerechnet vom Praktikanten des Filmemachers die alles entscheidenden Fragen gestellt werden.

Solch ein Sammelsurium an Ideen, Know-how und Hirnschmalz kann aber auch ganz handfest das Geschäft beleben: Inmitten von Programmierern (bei denen es schon einmal vorkommen kann, dass sie Tag und Nacht vor dem Computer verbringen, um einen Auftrag rechtzeitig erfüllen zu können) hat ein Masseur gute Chancen, den einen oder anderen Kunden, vielleicht sogar Stammkunden, zu finden. Ein Programmierer wiederum kann womöglich gemeinsam mit anderen Programmierern Leistungen anbieten und Aufträge lukrieren, die für ihn allein nicht zu bewältigen wären. Vielleicht hat ja auch die Holzdesignerin Bedarf an einer neuen, auch fürs Handy geeigneten Website.

500 Blatt Papier mit FSC-Zertifikat

500 Blatt Durchschnittspapier

Manche nutzen einen Co-working Space auch als bessere Postanschrift. Es klingt ganz einfach besser, Honorarnoten von einer seriös anmutenden Büroadresse zu versenden – und nicht von zu Hause oder aus dem Kuhdorf draußen in der Pampa. Viele Co-working Spaces sind flexibel und ermöglichen einem eine günstige temporäre Anwesenheit – tage-, wochen- und monats-, manchmal sogar stundenweise. Wer sich in einem Co-working Space einquartieren möchte, muss für einen Schreibtisch, Internet und das nötige Drumherum mit Kosten von ca. 250 Euro im Monat rechnen.

Nicht zuletzt ist diese gemeinsame Nutzung von Büroinfrastruktur sparsam und schont Ressourcen. Wer lastet Drucker, Fax, Scanner, Beamer, Küche und Besprechungsräume allein oder zu zweit schon wirklich aus? Zumindest hin und wieder braucht man all diese Dinge aber doch. Und im Fall des Falles wirkt es professioneller, einen potenziellen

170

Auftraggeber in einem repräsentativen Besprechungszimmer zu treffen, als ihm im eigenen Wohnzimmer Kaffee zu kredenzen. Mit den entsprechenden Bürokollegen erspart man sich womöglich auch die Kosten für IT-Support.

Mancherorts erweisen sich die neuen Gemeinschaftsbüros als Hort der sozialen Innovation. In Kanada etwa bietet *Coworking Ontario* seinen Mitgliedern seit Kurzem eine Gesundheitsversicherung. Die globale Vernetzung wiederum fördern mehr als 450 weltweit verbundene Co-working Spaces: Gemeinsam angebotene ›Coworking Visa‹ ermöglichen es Mietern eines teilnehmenden Spaces, sich für einige Zeit auch im Büro eines anderen Visum-Partners niederzulassen und die dortige Infrastruktur zu nutzen. Auf diese Weise kannst du selbst zum Global Player werden und auch als Freiberufler Chancen nutzen, die sich sonst nur Angestellten eines internationalen Konzerns bieten. Dem digitalen Nomadentum sind damit kaum mehr Grenzen gesetzt. Und auch der Masseur wird sich in den meisten Weltgegenden nicht schwertun, Kunden zu finden.

500 Blatt Papier
100 % Recycling,
CO₂-neutral

Über sechs Kontinente verteilt, haben sich 45 sogenannte ›Impact Hubs‹ mit insgesamt 7000 aktiven Mitgliedern zusammengetan. 20 weitere, berichtet die gemeinsame Website, sind derzeit im Aufbau. Austausch untereinander und Mobilität werden ausdrücklich begrüßt, denn bei den Impact Hubs handelt es sich um eine besondere Form des Co-working Space: Der gesellschaftliche Wandel soll durch ökonomische und soziale Aktivitäten und Unternehmungen vorangetrieben werden. Was zunächst etwas esoterisch klingt – ›Combining Places, Programs and People to Create Positve Impact‹ –, kann man sich wie eine offene, zeitgemäße, deutlich liberalere und jedenfalls aufrichtigere Form der *Rotary Clubs* vorstellen. In den Impact Hubs tummeln sich Aus- und Umsteiger; dort triffst du Start-up-Gründer ebenso wie freiberufliche Weltenbummler, die jobbend um den Globus jetten und dabei an lokale, gleichgesinnte Communitys andocken. Nicht allen, aber definitiv einigen davon geht es tatsächlich darum, mit ihren konkreten Ideen die Welt ein Stück weit zu verbessern. Davon darf man sich guten Gewissens inspirieren lassen.

Wenn es in deiner Stadt also noch keinen Co-working Space gibt: Gründe einen! Such dir Gleichgesinnte oder motiviere Freunde und Bekannte. Gerade in Kleinstädten oder auf dem Land könnt ihr euch das sogar von der lokalen Politik fördern lassen. Schließlich ist jeder Arbeitsplatz begehrt. Wie in der Stadt, wo meist alte Fabriks- und Industriegebäude dafür reaktiviert werden, kann auch außerhalb der Ballungszentren Bestehendes neu genutzt werden. Wieso nicht zu fünft oder zu sechst das alte Dorfgasthaus pachten und zum Co-working Space umfunktionieren? Mit etwas Glück und Verhandlungsgeschick lassen sich sogar leer stehende Bahnhofsgebäude wiederbeleben. Perfekt öffentlich angebunden, ließen sich so – Bahnhof für Bahnhof – ganze Regionen reanimieren und neu vernetzen. All das spart leere Kilometer und steigert die Lebensqualität.

Und selbst wenn du nicht der Gründer-Typ bist oder dich nicht als ›Selbstständiger‹ definierst – auch das soll es geben –, spricht nichts dagegen, dich einfach nur eine Zeit lang in einem Co-working Space niederzulassen. Manch einer tut das, um seine Diplomarbeit oder Dissertation fertig zu schreiben. Das kreative Umfeld motiviert und treibt einem den Schlendrian, der sich bei diesen Dingen nur allzu gern einstellt, sicher aus.

→ www.coworking.de
→ www.coworking-news.de
→ www.impacthub.net

Bau ein Kraftwerk

Mach dir deinen eigenen Strom und werde zum Erzeuger erneuerbarer Energie! Als Betreiber einer Photovoltaik-Anlage oder durch die Beteiligung an einem Bürgerkraftwerk wirst du zum Teil der Energiewende.

Sich selbst ein Kraftwerk zu bauen, ganz allein, bedeutet einigen Aufwand und braucht noch mehr Sachverstand. Photovoltaik allerdings ist heute keine ›Rocket Science‹ mehr: Auch als technischer Laie kannst du mittlerweile in eine Photovoltaik-Anlage investieren und dich in der erneuerbaren Stromerzeugung engagieren. Diese Anlagen sind in den vergangenen Jahren für private Haushalte leistbar geworden; freilich lässt du dich am besten fachkundig beraten. Such dir einen kompetenten Partner, der dir bei der Installation der Anlage zur Seite steht. Dieser wird dich auch bei den notwendigen Behördenwegen unterstützen und sicherstellen, dass alle technischen Voraussetzungen erfüllt sind und es im Nachhinein keine bösen Überraschungen gibt. Ein Fachverband kann dich zudem über die sich immer wieder ändernden Rahmenbedingungen und Möglichkeiten, solch eine Investition vom Staat fördern zu lassen, beraten – und dir einen Anbieter in deiner Region vermitteln.

Wenn du kein Dach zur Verfügung hast, um es mit Solarzellen aufzurüsten, oder in einer Mietwohnung lebst, dann beteilige dich an einem Kraftwerk. Mittlerweile gibt es in nahezu allen Bundesländern in Deutschland ebenso wie in Österreich und auch in der Schweiz Modelle für Bürgerbeteiligungskraftwerke. Zumeist erwirbst du dabei einige

Photovoltaik-Module. Um den Rest – Fläche, Installation, Technik, Rechtliches und auch das Monitoring – kümmert sich der Betreiber. ›Die Laufzeit sollte dabei idealerweise über den gesamten Lebenszeitraum der Anlage gehen, das heißt mindestens 20 bis 25 Jahre, und nicht nur für den Zeitraum einer Ökostrom-Förderung wie bei manchen Modellen‹, meint dazu Georg Günsberg. Der ehemalige *Grünen*-Aktivist widmet sich als Politik- und Strategieberater schwerpunktmäßig der Energiewende und dem Klimaschutz – meist im Auftrag unterschiedlichster kommunaler und städtischer Initiativen oder NGOs. Die Auszahlung der fast durchwegs fixierten ›Rendite‹ (in der Regel über 3 Prozent) der Eigenanlage erfolgt zumeist monetär. Allerdings gibt es mittlerweile auch alternative Modelle, welche den Beteiligten ihre Rendite in Form von Gutscheinen, Gemüse oder anderen Waren auszahlen. Kleine Betreiber – wie zum Beispiel der Biohof Adamah – setzen ebenso auf dieses Modell wie große Handelsketten.

Entscheidend ist die Vertrauensbasis zum Betreiber: Wenn du in eine solche Anlage investierst, solltest du davon überzeugt sein, dass dieser auch noch in zwanzig Jahren oder mehr aktiv ist. Bürgerbeteiligung leistet für den Wiener Energieexperten Günsberg jedenfalls einen wichtigen, mitentscheidenden Teil zur unumgänglichen Energiewende: ›Wie in anderen Bereichen auch erleben wir in den kommenden Jahren eine Transformation des Energiesystems, in der wir Konsumenten auch zu Produzenten werden. Auch wenn derzeit die Marktregeln noch nicht für alle Bereiche etabliert sind.‹

Die Dezentralisierung unseres Energiesystems bietet dir und jedem deiner Nachbarn also die enorme Chance, an der Produktion von umweltfreundlicher Energie mitzuwirken. In naher Zukunft, ist sich Günsberg sicher, werden

Tägliche Strompunkte bei Verbrauch von 3500 kWh pro Jahr (2-Personen-Haushalt, österr. Durchschnitt)

Täglicher Wert für jährlichen Gasverbrauch von 1000 m³ (2-Personen-Haushalt)

Beteiligte an Solarkraftwerken auch den selbst erzeugten Strom auf ihrer Stromrechnung ausgewiesen finden: ›Derzeit scheitert das noch an rechtlichen Hemmnissen, aber letztlich wird sich das durchsetzen, um damit tatsächlich den durch eigene Mittel finanzierten Strom bilanziell anrechnen zu können.‹

Neben der Photovoltaik gibt es auch erste Modelle, sich an solarthermischen Anlagen – also solchen zur Produktion von Wärme – zu beteiligen, etwa von der steirischen Solarfirma ›Solid‹. Und auch die Erfolgsgeschichte der Windkraft ist eng mit Beteiligungsmodellen verknüpft.

Es ist also ein Leichtes, deinen persönlichen Beitrag zur Energiewende zu leisten.

TIPPS

Die Photovoltaik-Bundesverbände sind nicht nur die Interessenvertretung der Hersteller, Berater und Installateure, sondern auch erste Anlaufstellen auf der Suche nach lokalen Anbietern:

→ www.photovoltaik.org
→ www.solarwirtschaft.de
→ www.pvaustria.at
→ www.swissolar.ch
→ www.solarwaerme.at
→ www.buergerkraftwerke.at

Vorbildliche Beispiele für zeitgemäße Bürgerbeteiligung in der Energiegewinnung liefert etwa das Unternehmen ›10hoch4‹ aus Wiener Neustadt:

→ www.10hoch4.at

Täglicher Wert für jährlichen Ölverbrauch von 1000 l (2-Personen-Haushalt)

Heizen mit Holz (täglicher Wert für jährlichen Verbrauch von 10 Raummetern Holz, 2-Personen-Haushalt)

Repariere, anstatt wegzuwerfen

Je kürzer die Lebensdauer eines Produkts ist, desto eher können Hersteller wieder ein neues verkaufen. Eine Reparatur erschweren sie dir deshalb oft bewusst. In einem ›Repair Café‹ hingegen helfen dir Profis dabei, Ressourcen, Energie und Geld zu sparen.

Das Radio ist kaputt, doch die Reparatur wäre teurer als ein neues Gerät. Der Staubsauger hat den Geist aufgegeben, doch ihm neues Leben einzuhauchen hieße, ihn zum Hersteller einsenden zu müssen, auf dass dieser ihn wieder instand setze – ohne Garantie, dass dieses Unterfangen wirklich glückt. Es gibt wohl niemanden, dem nicht schon Vergleichbares passiert wäre; der nicht schon vor der Entscheidung stand, ob er nicht besser gleich ein neues Produkt kaufen soll, statt die Altware zu reanimieren – sofern das denn überhaupt machbar ist. Denn immer öfter hat der Verschleiß System, und dieses System nennt sich ›geplante Obsoleszenz‹. Dieser Begriff bezeichnet die kalkulierte Beschränkung der Lebensdauer eines Produkts mit dem Ziel, immer wieder neue Produkte zu verkaufen. Doch selbst wenn der Tag X eines Produkts nicht – wie bei vielen Elektro- und IT-Geräten – fix vorprogrammiert ist, versuchen die Hersteller, den Absatz anzukurbeln. Denn ein neues Produkt zu verkaufen, ist immer lukrativer, als Ersatzteile einzubauen oder gar händische Austausch- und Wartungsmaßnahmen durchzuführen.

Hohen Servicekosten für allfällige Reparaturen stehen so Billigprodukte gegenüber, weshalb es ökonomisch oft dumm erscheint, etwas überhaupt reparieren zu lassen.

Aus ökologischer Sicht ist das allerdings eine immense Vergeudung von Ressourcen. Und in Europa sind wir damit unrühmliche Vorreiter: Der Pro-Kopf-Verbrauch von Rohstoffen und Rohmaterialien liegt bei uns um 40 Prozent über dem weltweiten Durchschnitt. Wobei laut Flash-Eurobarometer aus 2013 zwei Drittel der Befragten durchaus bereit wären, mehr für ein Produkt auszugeben, wenn die Garantie für dessen Zuverlässigkeit auf fünf Jahre verlängert würde. Mehr als neun von zehn Europäern sind zudem der Auffassung, dass die voraussichtliche Lebensdauer von Produkten angegeben werden sollte. Sie fordern also eine Art Mindesthaltbarkeitsdatum für Radio, Staubsauger und Smartphone.

Täglicher Wert für 1 Smartphone bei einer Nutzungsdauer von 1 Jahr

Ein klarer Auftrag für die Politik, möchte man meinen. ›Auch in anderen Bereichen werden Herstellern sehr umfangreiche Informationspflichten auferlegt, mit dem Argument, die Konsumentensouveränität dadurch stärken zu wollen‹, meint der Ethiker Jürgen Wallner. Geplante Obsoleszenz hält er aus der Perspektive der Sozial- und Umweltethik für höchst kritikwürdig: ›Hauptargument ist in dieser Perspektive das ethische Prinzip des Umweltschutzes: von Energieverbrauch über Transportwege bis hin zur Entsorgungsproblematik.‹

Täglicher Wert für 1 Smartphone bei einer Nutzungsdauer von 3 Jahren

Als einzelner Konsument bist du in diesem System zum Teil gefangen. Du kannst aber sehr wohl bestimmen, bis zu welchem Grad du mitspielst – und die Grenzen ausreizen. Die erste und einfachste Möglichkeit, der Ressourcenvergeudung entgegenzuwirken, ist es, die Garantien der Hersteller voll auszunützen. Belege und Garantiescheine penibel aufzubewahren, ist dafür Voraussetzung. Auch ein klares Bekenntnis zur Reparatur vermeidet Abfall, Müll, Ressourcen- und Energieverschwendung – wobei Reparieren nicht zwangsläufig teuer sein muss.

Am besten besuchst du mit dem Kaputtgegangenen ein ›Repair Café‹. Davon gibt es mittlerweile eine ganze Reihe, oft auch in kleineren Städten, und gut vernetzt unter *repaircafe.org*. Solche Cafés gibt es seit 2009. Sie gehen auf die holländische Bloggerin Martine Postma zurück. Von Amsterdam aus startete sie eine Grassroots-Bewegung der Reparaturwilligen. In den Repair Cafés warten Elektriker, Tischler und andere professionelle Bastler darauf, Menschen dabei zu unterstützen, kaputtgegangene Geräte zu reparieren, Möbel auszubessern oder Kleidung wieder in Schuss zu bringen. Unterstützt vom niederländischen Umweltministerium, vernetzt Postmas ›Repair Café Foundation‹ mittlerweile ähnliche Einrichtungen in aller Welt. Alle diese Cafés funktionieren nach einem nicht-kommerziellen Franchise-System. Das heißt: Sie verwenden dasselbe Logo, arbeiten ehrenamtlich und tauschen Know-how aus.

Täglicher Wert für 1 Smartphone bei einer Nutzungsdauer von 6 Jahren

Damit eine Reparatur zu einem späteren Zeitpunkt überhaupt möglich ist, achtest du am besten bereits beim Kauf darauf, dass deine Geräte geschraubt und nicht geklebt oder zugeschweißt sind. Denn wenn Verschleißteile gewechselt werden können, spricht das gleichermaßen für den Hersteller wie für sein Produkt. Das klassische Beispiel für eine bewusst erschwerte Reparatur sind Smartphones, in denen der Akku fest eingebaut ist – etwa Apples *iPhone*. ›Man versucht, es den Kunden so schwer wie möglich zu machen, eine Reparatur selbst auszuführen, indem man die Schrauben so gut wie möglich versteckt‹, meint ein Repair-Profi. Wie es trotz solcher Hindernisse gehen kann, zeigt man dir im Repair Café deines Vertrauens. Eine gute Adresse ist auch die iFixit-Community. Auf deren Online-Plattform finden Bastler einen ›free repair guide for everything. written by everyone‹. Also: unentgeltliche Reparaturanleitungen *von* Bastlern *für* Bastler.

Lustvollen Verzicht wiederum propagiert Sepp Eisen-riegler, Gründer und Betreiber des Wiener Reparatur- und Service-Zentrums: ›Viele von uns geben Geld aus, das sie nicht haben, um Produkte zu kaufen, die sie nicht brauchen, nur um Leute zu beeindrucken, die ihnen eigentlich egal sind.‹ Von der Politik fordert er eine ›Luxussteuer‹ auf Weg-werfprodukte. Konsumenten rät er, sich vor jedem Kauf zu fragen: *Brauche ich das wirklich?*

Und wenn es dir einmal gelungen ist, dein Radio, dei-nen Toaster oder deinen Staubsauger zu reparieren, dann weißt du jedenfalls: Dieses Erfolgserlebnis ist weit befriedi-gender als jedes Auspacken und Ausprobieren eines neuen Produkts.

→ repaircafe.org
→ www.reparaturnetzwerk.at
→ www.ifixit.com

Geh seltener shoppen

Tauschen und teilen oder das bewusste Kombinieren von Vintage-Mode und einzelnen Neuanschaffungen ist deutlich befriedigender, als sich ständig dem Mode-Kaufrausch hinzugeben. Die ideale Plattform dafür, Einzigartiges aus zweiter Hand zu entdecken, bietet dir der *Kleiderkreisel*.

Ich hab nichts anzuziehen!‹ – Das spontane Gefühl, trotz übervollen Kleiderkastens nichts Passendes im Schrank zu haben, ist weit verbreitet. Auf dieses Phänomen setzen ganze Industrien. Mit schnelllebiger Massenware befriedigen Modeketten und -labels unser vermeintlich unstillbares Bedürfnis nach Neuem. Angefeuert werden wir von Hochglanzmagazinen. Aber auch die meisten Lifestyle- und Trendscout-Blogs gieren unentwegt nach neuem Stoff und spielen in diesem immer rasanteren Kreislauf der ›Fast Fashion‹ mit. Was tut man nicht alles für den neuesten Fummel, einen ersten Blick auf die neue Kollektion oder ein exklusives Interview mit einer Designerin?

1 Kapuzenpulli (täglicher Wert bei einer Lebensdauer von 6 Monaten)

›90 Prozent der Fashion-Blogger sind komplett unreflektiert‹, meint eine Marktkennerin, die anonym bleiben möchte, weil sie selbst vom Wohlwollen der Multiplikatoren abhängig ist. Über Stilbewusstsein mag er ja verfügen, doch niemand ist unkritischer als der durchschnittliche Mode-Blogger. Ausnahmen gibt es (Maria Ratzinger von *Stylekingdom* beispielsweise), doch das Klischee der oberflächlichen, nicht an Hintergründen interessierten Modewelt brechen nur wenige. Dabei wäre das dringend vonnöten. Denn dass Kleider verhältnismäßig günstiger geworden sind, die Kollektionen mehr und die Lebenszyklen des Getragenen kürzer, das hat seinen Preis: Dadurch ist auch der individuelle Verbrauch gestiegen. In seinem ›Schwarzbuch Baumwolle‹ schreibt Andreas Engelhardt, dass wir in Europa jährlich durchschnittlich 20 Kilogramm Textilien verbrauchen. Jeder Amerikaner kommt sogar auf 35 Kilogramm.

Problematisch daran ist nicht nur der damit einhergehende enorme Verbrauch von Rohstoffen. Der nahezu permanente ›Abverkauf‹, den auch manche Markenartikler und die großen Textilketten mittlerweile praktizieren, ist nur dadurch möglich, dass wir die massive Umweltbelastung durch Chemikalien und andere Abfälle nach Ostasien ausgelagert haben. Bleichmittel, Farbstoffe, Färbebeschleuniger und viele andere giftige Substanzen hinterlassen jedoch ihre Spuren, zumal Umweltstandards außerhalb Europas oft nicht einmal existieren. Niemand kann zudem behaupten, noch nie von den dort oft vorherrschenden katastrophalen Arbeitsbedingungen gehört zu haben. 2013 stürzte in Bangladesch eine Textilfabrik ein. Bei dem Unfall kamen 1100 Menschen ums Leben. Und 2014 ging eine Entdeckung der Britin Rebecca Gallagher weltweit durch die Medien: Beim irischen Textilriesen *Primark* hatte sie für zwölf Euro ein Blumenkleid erstanden – und beim Studieren der Waschanleitung einen anonymen eingenähten, handschriftlichen Hilferuf gefunden: ›Forced to work exhausting hours‹ stand dort in großen Lettern – ›Gezwungen, stundenlang bis zur Erschöpfung zu arbeiten‹.

Ob dieser Hinweis tatsächlich von einem Näher in einer solchen Fabrik stammte oder ob uns zum Jahrestag des Unglücks in Bangladesch – in dem Werk hatte auch *Primark* produzieren lassen – eine gezielte Kampagne erneut auf die Arbeitsbedingungen an den Ursprungsorten unserer Kleidung, unserer Sneakers und anderen Schuhwerks hinweisen wollte, ist letztlich egal. Die Botschaft ist unmissver

1 Jeans Levi's 501
(täglicher Wert bei
einer Lebensdauer
von 6 Monaten)

ständlich: Ein Kleid mag noch so schön sein – für zwölf Euro gekaufte neue Textilien können wir unmöglich guten Gewissens tragen. Das Bild mit dem entsetzten Blick der jungen Rebecca Gallagher, die auf der Innenseite des unschuldigen Blumenkleidchens die drastische Nachricht auf dem Waschzettel präsentiert, hat sich ins digitale Gedächtnis eingebrannt.

Doch Möglichkeiten, aus diesem modischen Teufelskreis auszubrechen, gibt es zur Genüge. Der Begriff ›Slow Fashion‹ fasst sie gut zusammen – analog zur Slow-Food-Bewegung, die Genuss und regionale, saisonale und handwerkliche Lebensmittel zelebriert. Geprägt hat den Begriff die einflussreiche britische Design-Professorin Kate Fletcher, die am London College of Fashion zum Themengebiet Nachhaltigkeit, Design und Mode forscht. Wenig überraschend umfasst Slow Fashion beispielsweise Kleidung aus Bio-Baumwolle und Zertifikate wie die ›Global Organic Textile Standards‹ (GOTS), welche garantieren, dass mindestens 70 Prozent der in einer Textilie verarbeiteten Fasern aus kontrolliert biologischem Anbau stammen.

Freilich können auch Bio-Baumwolle, Bio-Hanf, Bio-Wolle und dergleichen unter bedenklichen Bedingungen verarbeitet worden sein, und auch viele dieser Produkte landen viel zu oft viel zu schnell im Müll. Demgegenüber steht das Prinzip Slow Fashion für einen bewusst entschleunigten Kreislauf und verlängerte Lebenszyklen. Bevorzugt werden langlebige Qualitätsprodukte, die nicht so schnell aus der Mode kommen und sich gut kombinieren lassen oder vielfältig getragen werden können. Was nicht mehr passt oder gefällt, kann außerdem nicht nur recycelt werden, sondern auch – Stichwort ›Upcycling‹ – zu einem vollkommen neuen Produkt werden. Beispiele dafür sind etwa die bekannten

1 T-Shirt
(täglicher Wert bei einer Lebensdauer von 6 Monaten)

FREITAG-Taschen, die aus alten Lkw-Planen gefertigt werden, oder die aus alten Herrenhemden lokal gefertigten Kochschürzen der Grazer Designerin Alexandra Pötz.

Mehr zufällig als geplant hat die Online-Plattform *Kleiderkreisel* eine Form gefunden und ein Forum geschaffen, um Slow Fashion regelrecht zu zelebrieren. *Kleiderkreisel.de* ist die digitale Entsprechung des Flohmarkts – bloß dass Gründerin Susanne Richter weder Stand- noch Registrierungsgebühren für die online abgewickelten Geschäfte verlangt. Und dass es nicht so sehr ums Feilschen geht, sondern eher um Vertrauen. Die Idee, gebrauchtes Gewand, Schuhe und Schmuck online zu tauschen, zu verkaufen oder zu verschenken, hat die damalige Studentin 2008 aus dem Urlaub in Litauen mitgebracht – und seither mit Mitstreitern in Unternehmensform gebracht.

Von *eBay* unterscheidet sich der durch Werbung finanzierte *Kleiderkreisel* vor allem durch die Community: Unter mehr oder weniger Gleichgesinnten tauscht man sich aus, kommentiert den eigenen Stil. Was du in deinen zu klein gewordenen Lieblingsjeans erlebt hast, interessiert die Person, der du sie schenkst oder verkaufst, manchmal genauso sehr wie die Geschichte hinter dem von der Oma geerbten Dirndl, für das du selbst schlicht keine Verwendung hast. Mit weit mehr als einer Million registrierten Secondhand-Liebhabern hat der *Kleiderkreisel* längst die kritische Masse erreicht, auch außerhalb des Internets zu mobilisieren: Tauschpartys gab es bereits in allen großen deutschen Städten; weitere sind geplant.

Secondhand wird also wieder sexy. ›So ein Umdenken muss von alleine kommen, es muss den Leuten Spaß machen‹, meint Susanne Richter gegenüber dem Popmagazin *Intro*. Ihr gehe es nicht darum, den Konsum zu stoppen, sondern umzudenken. Mittlerweile ist das lustvolle Kombi-

nieren von Alt und Neu jedenfalls in den großen Modema-
gazinen wieder angekommen.

TIPPS

Die britische Design-Professorin Kate Fletcher berät neben
ihrer Forschungs- und Lehrtätigkeit auch das britische
House of Lords. Ihr Blog ist ein wahrer Fundus an Links zu
Studien, Porträts und einschlägigen Veranstaltungen:
→ katefletcher.com

Von Hamburg aus bloggt Kirsten Brodde über ›Grüne Mode‹.
Sie stellt neue Eco-Fashion-Labels vor, beschreibt gängige
Öko-Zertifikate und Gütesiegel – und berichtet von allen
relevanten Branchenveranstaltungen:
→ www.kirstenbrodde.de

1 Paar Lederschuhe
(täglicher Wert bei
einer Lebensdauer
von 6 Monaten)

Durch ihren Selbstversuch, ein Jahr lang keine neuen Klei-
dungsstücke zu kaufen, hat sich die Wiener Bloggerin Nunu
Kaller vom Shopaholic in eine kritische Konsumentin ver-
wandelt. Ihr bereits abgeschlossenes Experiment ist online
weiterhin nachzulesen; ihre Erkenntnisse hat sie auch in
Buchform gebracht: ›Ich kauf nix! Wie ich durch Shopping-
Diät glücklich wurde‹ (Kiepenheuer & Witsch). Gebloggt wird
weiterhin:
→ ichkaufnix.wordpress.com

Auf der Online-Plattform *Kleiderkreisel* kannst du – kosten-
los – Gewand, Schuhe, Accessoires und Kosmetik verkaufen,
tauschen, verschenken oder selbst danach suchen. Auch eine
kostenlose App erleichtert dir diese Form der ›collaborative
consumption‹:
→ www.kleiderkreisel.de

Die Liebe für Gebrauchtes und Vintage-Mode steckt bereits im Namen der Schweizer Verkaufsplattform *Preloved*, kurz PLV. Der Name steht dafür, dass ein Kleidungsstück schon von seinem bisherigen Träger geschätzt und geliebt wurde. Das Motto der Plattform lautet: ›Give fashion a second chance‹:

→ www.preloved.ch

Bereits seit 1998 listet diese Website Nachbarschaftsbörsen, Tauschringe und vergleichbare Einrichtungen vor allem in Deutschland, verlinkt aber auch darüber hinaus:

→ www.tauschring.de

Lies bewusst auch das, was dir nicht gefällt

Beschäftige dich auch mit Standpunkten, die nicht deiner eigenen Meinung entsprechen und die nicht deine politische Überzeugung wiedergeben. Das erweitert nicht nur deinen Horizont, sondern stärkt auch den gesellschaftlichen Zusammenhalt. Kurz: Bring die ›Filter Bubble‹ zum Platzen!

Gleich und gleich gesellt sich gern, gerade im Zeitalter der sozialen Vernetzung. Vielleicht hast du schon vergessen, dass dir Facebook damals, als du dem Social Network beigetreten bist, vor allem vorgeschlagen hat, dich mit Personen zu vernetzen, die du bereits kanntest? Mit ›Freunden‹ eben. Das war sehr praktisch, etwa um aus den Augen verlorene Gefährten von früher wieder einmal zu Gesicht zu bekommen oder um mit Kollegen in Kontakt zu bleiben. Aber deinen Horizont hat es vermutlich nur wenig erweitert. Schließlich ist die Wahrscheinlichkeit hoch, dass du und deinesgleichen in vielen Punkten ähnliche Standpunkte vertretet – zum Beispiel, wenn es darum geht, ob Homosexuellen die gleichen Rechte wie Heterosexuellen zuzugestehen sind, oder ob es verboten sein sollte, im Internet anonym zu posten.

Gerade *weil* sich aber die meisten von uns weitgehend mit Gleichgesinnten umgeben und diese oft nur Artikel, Videos und Nachrichten weiterverbreiten, die auch einem selbst gefallen, wird unser Horizont zwar scheinbar weiter – weil uns plötzlich auch spannende Artikel vom anderen Ende der Welt unterkommen können –, gleichzeitig aber automatisch enger: Wir nehmen dadurch nämlich immer öfter Kommentare und Sichtweisen wahr, die nur unsere eigenen Ansichten bestätigen und bestärken. Politische Parteien und Werbemenschen wissen, dass soziale Medien in Sachen Meinungsbildung längst wichtiger sind als jede Nachrichtenagentur – eben weil die Meinung derer, denen man vertraut, besonderes Gewicht hat. Das ist zunächst einmal nachvollziehbar und unumkehrbar, und dagegen ist auch nichts einzuwenden. Einer fundierten – nennen wir sie ›neutralen‹ – Meinungsbildung ist das freilich nicht zuträglich.

Tatsächlich problematisch wird diese Entwicklung, weil soziale Medien wie Facebook und Twitter für immer mehr Menschen zur wichtigsten Nachrichtenquelle überhaupt werden. News finden sie dort oft zufällig, anstatt sie wie früher – etwa durch ein Tageszeitungs-Abo – bewusst zu suchen. Die Empfehlungen von Freunden, auf die wir uns heute stattdessen oft verlassen, werden nicht von ungefähr ›Mundpropaganda‹ genannt – im Wissen, dass Propaganda parteiisch ist und Sachverhalte einseitig darstellt. Doch weil es die *eine* Wahrheit nie gibt, müssen wir die *andere* Wahrheit (oder auch mehrere von ihnen) ganz gezielt suchen. Wer sich umfassend informieren möchte, sich gar einen möglichst ganzheitlichen, vielleicht sogar annähernd ›objektiven‹ Blick auf die Welt aneignen möchte, muss aktiv werden (›pull‹) und sich zumindest teilweise vom – freilich bequemeren – passiven Medienkonsum (›push‹) verabschieden.

Ich selbst habe vor einiger Zeit ein Experiment gemacht: Ich habe es einen Monat lang ohne Facebook und Twitter versucht, mich also für einen überschaubaren Zeitraum freiwillig (und mit der klaren Absicht, zurückzukehren) gewissermaßen in die Zeit vor diesen Netzwerken, ins Jahr 2005, zurückgeschossen. Nach nur einer Woche ohne soziale Medien ist mir klar geworden, wie sehr die allgegenwärtige Vernetzung unser Verhalten verändert und unsere Wahrnehmung geprägt hat. Themen, die bis zu meiner Auszeit alltäglich und auf unterschiedliche Weise persönlich bedeutsam waren, sind ohne Facebook und Twitter plötzlich von der Bildfläche verschwunden – Wichtigkeiten wie Nichtigkeiten.

Letztlich habe ich es zwar als Befreiung erlebt, mein Experiment zu beenden und in unsere Gegenwart zurückzukehren, in welcher die alten Gatekeeper der Massenmedien nicht mehr darüber walten, welche Nachricht einen wie erreichen darf. (Ökologie etwa ist in den Mainstream-Medien genauso selten Thema wie Design oder eine auch intellektuell spannende Auseinandersetzung mit Popmusik.) Gleichzeitig aber ist mir durch meinen Selbstversuch klar geworden, wie sehr wir uns in unserem eigenen Umfeld durch Gleichgesinnte spiegeln – und wie wir uns oftmals in unserer eigenen kleinen Blase bewegen. Einem Tätowierer zum Beispiel, der mit der eigenen Kundschaft Kontakt hält, der mit Kollegen kommuniziert, sich auf Conventions herumtreibt und einschlägige Blogs und seine Fachpresse liest, wird die Welt irgendwann als Tintenfass erscheinen, in dem alle Zeitgenossen ganzkörpertätowiert posieren. Genauso geht es uns allen täglich mit unseren höchstpersönlichen oder auch hochprofessionellen Themen und Anliegen. Nur sind wir uns dessen viel zu selten bewusst.

Ich meine: Als mündige Bürger haben wir die Verpflichtung, möglichst regelmäßig aus unseren Mikrokosmen aufzutauchen – um nicht den Anschluss an ›die Welt da draußen‹ zu verlieren oder die eigenen kleinen Welten für das große Ganze zu halten.

Dienstleister wie Google sind dabei leider keine Hilfe. Warum das so ist, hat der amerikanische Bürgerrechtler und

1 Tageszeitung

Politologe Eli Pariser eindrücklich mit dem von ihm geprägten Begriff der ›Filter Bubble‹ beschrieben – und in seinem gleichnamigen Bestseller. Pariser geht es dabei nicht allein um Google. Vielmehr steht der dominante Internetkonzern als Platzhalter für alle von uns gratis im Netz frequentierten Dienste und Services – schließlich zahlt keiner von uns gerne dafür, diese Angebote zu nutzen. Der Deal ist ganz klar: Wir werden im Gegenzug aufs Genaueste vermessen, erforscht und unseren Interessen und prognostizierten Bedürfnissen gemäß vermarktet. Als Nutzer bietet man uns maßgeschneiderte, ›personalisierte‹ Dienste. Die Werbewirtschaft profitiert davon, ihre Botschaften und Produkte treffsicher platzieren zu können. Und Google verdient damit viel Geld.

So weit, so fair. Und natürlich sehr bequem. Wenn dadurch nicht das Problem entstünde, dass uns vieles, was uns vermeintlich *nicht* interessiert, etwa bei einer Google-Suche erst verspätet und nachrangig vorgesetzt wird – oder im schlimmsten Falle ganz weggefiltert und vorenthalten wird. Darüber entscheiden wir nicht selbst, sondern das bestimmen Software-Algorithmen. Denn jeder Klick, jede Seite, die wir im Internet abrufen, jede App, jede via ›Gmail‹ versandte Nachricht hinterlässt Spuren, die darüber entscheiden, was uns künftig bei anderen Suchabfragen vorgesetzt wird: Wer etwa regelmäßig die Spielergebnisse der Fußballbundesliga abruft, wird bei der Netzsuche nach ›Córdoba‹ recht rasch an das legendäre Weltmeisterschaftsspiel aus dem Jahr 1978 in Argentinien erinnert, als das österreichische Fußballteam das deutsche besiegen konnte. Eine an Architektur interessierte Studentin der spanischen Literatur, die vielleicht auch noch online den Nachtzug nach Barcelona gebucht hat, wird bei ihrer ›Córdoba‹-Recherche hingegen eher in die gleichnamige iberische Kleinstadt gelotst.

Womöglich wird sie sogar darauf hingewiesen, wo sie dort in der Nähe des alten Gasthauses ›Posada del Potro‹ unterkommen kann, jener originalgetreu erhaltenen Herberge aus dem 15. Jahrhundert, in der einst Miguel de Cervantes' trauriger Romanritter ›Don Quijote‹ eingekehrt ist.

Ein und dieselbe Suchanfrage – doch zwischen den Antworten liegt ein ganzer Ozean. Das ist bei Videos, die uns YouTube vorschlägt, nicht viel anders und trifft auch für Facebook zu, das für uns filtert, was wir am Bildschirm sehen – und was nicht.

1 Tageszeitung
(E-Paper-Ausgabe)

Der Kollateralschaden dieser personalisierten Annehmlichkeiten trifft uns als Individuen wie als Gesellschaft gleichermaßen. Denn wer sich ständig nur durch sein Umfeld bestätigt fühlt und durch Gleichgesinnte in der eigenen Meinung bestärkt wird, dessen geistige Entwicklung wird nur wenig gefördert. Einmal auf Haltungen und Interessen festgelegt, wird einem so leicht nichts Neues unterkommen. Dabei sind es gerade Konfrontationen, Reibungen und das Kennenlernen von Bislang-nicht-Bekanntem, die einen als Mensch weiterbringen. Die Welt, in der wir uns auf diese gefilterte Weise bewegen, wird somit zunehmend statisch und diskursfeindlich. Unsere Weltsicht gleicht immer mehr einem Blick in den Spiegel; unsere Umwelt wird zum Spiegelkabinett. Gleichzeitig kommen uns als personalisiert bewirtschafteten Individuen immer mehr die zwischenmenschlichen Gemeinsamkeiten abhanden – und damit der gesellschaftliche Zusammenhalt.

Wollen wir mit unserem hyperindividuellen Erfahrungshorizont nicht vereinzeln und uns nicht mit einer weitgehenden Fragmentierung aller Lebensbereiche abfinden, werden wir Strategien entwickeln müssen, aus unseren kleinen Welten auszubrechen. Ein kleiner Anfang kann sein, sich ganz bewusst auch mit anderen Ansichten zu konfrontieren. Daher mein Appell: Lass die Blase platzen! Bist du ein überzeugter Sozialdemokrat, dann lies den Blog einer wirtschaftsliberalen Denkwerkstatt. Hör dir auch als Atheist die Argumentation von aufgeklärten Kirchenvertretern an und folge dem Papst auf Twitter. Selbst wenn du Fast Food verabscheust: Beobachte, was McDonald's und Burger King so verkünden. Du musst ja nicht glauben, was man dir serviert! Lass dich auch als Unternehmer auf den Gewerkschaftsnewsletter setzen. Lies als Manager nicht nur Wirtschaftsnachrichten, sondern auch Straßen- und Obdachlosenzeitschriften. Du könntest auch, ganz altmodisch, ein, zwei – gute – Tageszeitungen abonnieren. Oder ein Magazin. Es müssen ja nicht – falls dir das zu *old school* erscheint – die gedruckten Ausgaben sein. Für kritische Zeitgenossen schließt sich die Lektüre von *taz* und *The Economist* niemals aus.

Kurzum: Richte dir rund um dich ein buntes Meinungsspektrum ein! Damit bist du gewappnet gegenüber Vorurteilen und vorschnellen Schlüssen, wohlinformiert und wirst deinen Mitmenschen ein interessanter, gern gehörter Gesprächspartner sein. Denn gleich und gleich ist oft auch ziemlich fad.

BUCHTIPP

Eli Parisers Buch ist in deutscher Übersetzung unter dem Titel ›Filter Bubble. Wie wir im Internet entmündigt werden‹ (Hanser) erschienen.

Lebe intensiver, arbeite weniger

Weniger ist oft schwer. Doch nicht alles, was ein erfülltes Leben ausmacht, kostet auch Geld. Und eine 30-Stunden-Arbeitswoche ist jedenfalls eine gute Voraussetzung für ein erfülltes Familienleben.

Drei Tage Arbeit pro Woche reichen. Das ist keine Gewerkschaftsforderung, sondern die Überzeugung des mexikanischen Multimilliardärs Carlos Slim. Ob der laut *Forbes*-Ranking zweitreichste Mann der Welt die von ihm propagierte Drei-Tage-Woche selbst praktiziert, ist zwar nicht bekannt. Seine Vorstellung einer ›radikalen Adaptierung der Arbeitswelt‹ hat er laut *Financial Times* allerdings verraten: Künftig sollten Angestellte nur an drei Wochentagen arbeiten, an diesen allerdings zehn bis elf Stunden. Der Rest der Woche gehöre dann der Muße und Erholung. Weniger Zeit bei der Arbeit bedeute ›mehr Zeit für Entspannung, mehr Lebensqualität‹.

Abendsonne
genießen

Gärtnern

Damit sich diese Rechnung unter dem Strich dennoch für alle ausgehen kann, muss im Gegenzug das Erwerbsleben länger andauern: Pension und Rente müssten dann nicht mit 50 oder 60 beginnen, sondern erst im Alter von 70 oder 75 Jahren.

Schon jetzt gibt es vor allem viele Frauen, die nach ihrer Kinderkarenz und nachwuchsbedingten Teilzeitarbeit nicht wieder in einen regulären 40-Stunden(-oder-mehr)-Job zurückkehren wollen. Sie sind nicht mehr bereit, jene Lebensqualität, die sie durch ihre geringere Anwesenheit am Arbeitsplatz erfahren haben, aufzugeben.

Entscheidest du dich allerdings für Teilzeitarbeit, musst du derzeit klare Nachteile in Kauf nehmen: Du verdienst weniger, deine Rente wird dereinst geringer ausfallen, und deine soziale Absicherung im Falle von Arbeitslosigkeit ist nicht automatisch voll gewährleistet. Auch dein Job ist eher unsicher, und gut möglich, dass auch deine Aufstiegschancen geringer sind. Denn, so der Wiener Wirtschaftssoziologe Jörg Flecker: ›Nicht nur in typischen Vollzeitbranchen wie Industrie, IT und in den Kreativbranchen wird Teilzeit derzeit als mangelndes Engagement interpretiert.‹ Ein erfülltes Familienleben lässt sich mit einer Karriere in diesen Branchen nur schwer vereinbaren.

Wandern gehen

Für ihn selbst, gesteht der Universitätsprofessor, sei eine Arbeitszeitverkürzung mittelfristig allerdings durchaus vorstellbar. ›Gemeinsam mit anderen Kollegen am Institut hege ich den Wunsch, unsere Arbeitszeit auf 32 Stunden zu reduzieren‹, so Flecker. ›Dadurch haben wir alle nicht nur mehr Freizeit, sondern schaffen gemeinsam eine neue Stelle, die uns hilft, die Arbeit besser zu verteilen.‹ Einen allgemeinen Schwenk hin zu einer 30-Stunden-Woche bei vollem Lohn hingegen – wie ihn Gewerkschafter und linke Politiker manchmal fordern – erwartet der Wirtschaftssoziologe vorerst nicht. Einen Alleingang könne sich diesbezüglich auch kein Land leisten. Die Initiative dafür müsse vielmehr ganzheitlich, auf europäischer Ebene passieren. Eine anhaltende Wirtschaftskrise könnte allerdings ebenfalls zu einem radikalen Schritt führen. ›Zur Verhinderung weiterer Arbeitslosigkeit könnte es eine Arbeitszeitverkürzung geben‹, so Jörg Flecker. Also eine Umverteilung der Arbeit zugunsten jener, die bisher gar keine hatten.

Karten spielen

Ob diese Gleichung – die einen arbeiten weniger, die anderen können sich dafür endlich auch ein wenig betätigen – aufgeht, darüber streiten Ideologen seit Jahren. Auch ob die anhaltende Automatisierung vieler Bereiche durch Roboter und Drohnen substanziell Arbeitsplätze kosten wird oder ob uns, wie vom ehemaligen *Wired*-Chefredakteur und Technologie-Apologeten Chris Anderson in seinem Bestseller ›Makers‹ prophezeit, der Siegeszug der 3D-Drucker eine neue industrielle Revolution aus den Hinterhöfen beschert, bleibt umstritten. Doch allein der Gedanke an eine ›Vollbeschäftigung‹, wie ihn noch bis Mitte der 1990er-Jahre manche Politiker kultivierten, wirkt heute naiv und abgegriffen wie die vergilbten Kinderbücher unserer Elterngeneration. Eine der größten Herausforderungen wird es jedenfalls sein, dass wir – vor allem in Europa – als Individuen Identität und Bestätigung auch abseits des Erwerbslebens entwickeln.

Drachen steigen lassen

Eine 30-Stunden-Woche – auf individueller Basis oder besser noch gesamtgesellschaftlich – bietet dafür gute Voraussetzungen. Laut der Arbeitssoziologin Annika Schönauer ist auch absehbar, dass sich diese kürzere Arbeitszeit positiv auf den persönlichen ökologischen Fußabdruck auswirkt: ›Die gesamte freie Zeit, die da plötzlich auftaucht, entschleunigt das Leben insgesamt und bietet Spielraum dafür, eher zu Fuß zu gehen und öffentliche Verkehrsmittel zu nutzen statt das Auto; sie erlaubt uns, mehr zu kochen, weniger Fertigprodukte und insgesamt bewusster zu konsumieren.‹

Schach spielen

Auch die dadurch wachsende Möglichkeit der persönlichen Weiterbildung und des zivilgesellschaftlichen Engagements wird von *De-Growth*-Visionären, die über das Ende der Wachstumsgesellschaft hinaus denken, immer wieder betont. Vor das Wirtschaftswachstum stellen sie persönliches Wachstum und ein befriedigendes

Familienleben. Denn die Zeit, die du deiner Familie oder deinen Kindern *nicht* gewidmet hast, kannst du dir auch als alternder Multimilliardär nicht zurückkaufen.

Merci beaucoup

... zuallererst meiner Freundin Diana, die fast alle Kapitel als Erste gelesen und mir über Monate hinweg Beistand geleistet hat. Danke auch für den einen oder anderen Tritt in den Hintern. Ohne dich wäre dieses Buch ein anderes geworden.

Aufrichtiger Dank gebührt auch meinen Eltern, die mich nicht nur während der Recherche- und Schreibarbeiten liebevoll bei der Betreuung meiner beiden Kinder unterstützt haben.

Nie möglich gewesen wäre dieses Buch ohne das engagierte, uneigennützige Engagement des Unternehmens *Kairos* und die klare Designsprache von *integral ruedi baur*. Die Vorarbeit dieser beiden Kooperationspartner gab den Anstoß und war die Grundlage für alles Vorliegende. Namentlich möchte ich Martin Strele und Simon Vetter danken. 2011 haben sie mir – ich war anfangs skeptisch – das Konzept hinter ihrem Projekt *EinguterTag.org* erläutert. 2014 schließlich haben sie mir nicht nur das Vertrauen geschenkt, ihre Idee weiterzudenken, sondern mich auch auf den einen oder anderen neuen Gedanken gebracht.

Inspiration und wertvolle Impulse bekam ich auch von Angie Rattay und Adam Pawloff, den beiden Masterminds hinter den *ERDgesprächen*, und meinen Kollegen beim Magazin *Biorama*: Johanna Stögmüller, Micky Klemsch, Martin Mühl, Thomas Stollenwerk und Jürgen Schmücking.

Danke an Reinhard Geßl, Elisabeth Klingbacher und Richard Petrasek vom Forschungsinstitut für biologischen Landbau in Wien (FiBL Österreich), die mir dabei halfen, die eine oder andere Ungereimtheit auszuräumen und Klarheit zu schaffen. Ebenso an Axel Hein, Georg Scattolin, Karim Ben Romdhane und Simone Katharina Niedermüller vom WWF Österreich und an Georg Günsberg, der sich zum Glück nicht zu blöd war, meine dämlichen Fragen zur Energiewende und zu Bürgerbeteiligungskraftwerken zu beantworten.

Danke auch an Bernhard Schmidt für viele anregende Gespräche (seit Jahrzehnten).

Wertvolle Hinweise, Links oder Anregungen kamen von der Wiener Stadträtin Tanja Wehsely und der Nationalratsabgeordneten Birgit Schatz, von Martin Schenk (Armutskonferenz), Wolfgang Ritschl (Ö1), Annette Weber (Ökosoziales Forum), Hassaan Hakim (Yool), Sara Westerhaus (Greenpeace Deutschland), Simon Inou (M-Media) und Volker Plass (Grüne Wirtschaft), Ulrich Pohanka, Merle Weber, Geo Gegenhuber, Hannes Offenbacher, Sacha Schlegel, Elisabeth Zury und Dannie Quilitzsch.

Danke an David Bogner (Vice) für das Córdoba-Beispiel und an Andreas Ulrich (Der Spiegel) für die Unterstützung. Und an Alois Posch – für alles.

Dass dieses Buch in dieser Form vorliegt, hat neben Manuel Fronhofer – meinem vielleicht kritischsten Leser – das Team des Residenz Verlags ermöglicht. Namentlich möchte ich mich bei Claudia Romeder, meinem Lektor Stephan Gruber, bei Heidi Selbach und Tanja Szabo bedanken.

Zu guter Letzt: Danke an Matthias Hammer, Miloš Majda und Tomas Hulik, denen ich die Idee für mein nächstes Buch verdanke.

79

15 km Geländewagen fahren

1

Flug Wien – Zürich

10

1/4 Kilo Rindfleisch

6

1/2 Kilo Roggenbrot

1 Kilo Zucker

2

1/8 Wein aus Sizilien

36

1 Tageszeitung

4

7

39

1 Kilo Kartoffeln

29

4 Rosen aus Kenia

5

8 Stunden Laptopbetrieb

1 Einwegwindel

2

10 Eier

1 Kilo Reis aus Italien

24

1/4 Kilo Bergkäse

6

1 Waschgang mit Weichspüler

5

1 Kilo Nudeln

1

2404

19

3 Bio-Bananen aus Ecuador

43

15

15 km Elektroauto fahren

3

1 Liter Milch

15 km Linie

100
gewinnt
Memospiel

Online
bestellen
unter

www.eingutertag.org

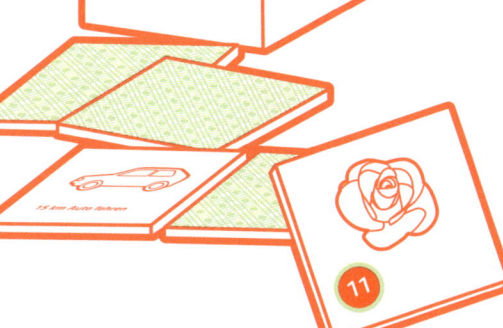
11